Racconti in Danese

Racconti in Danese per principianti e intermedi

Alma Hansen

greenthumbpublishing@gmail.com

Contenuti

Introduzione

La lettura di una lingua straniera è uno dei modi più efficaci per migliorare le competenze linguistiche e ampliare il vocabolario. Tuttavia, a volte può essere difficile trovare materiali di lettura coinvolgenti e di livello adeguato, che diano una sensazione di realizzazione e di progresso. La maggior parte dei libri e degli articoli scritti per i madrelingua può essere troppo lunga e difficile da capire, oppure può avere un vocabolario di livello molto alto, per cui ci si sente sopraffatti e si rinuncia. Se questi problemi vi suonano familiari, allora questo libro fa per voi!

Racconti Brevi in Danese è una raccolta di 25 racconti non convenzionali e divertenti pensati per aiutare gli studenti di livello da principiante a intermedio di Danese a migliorare le loro competenze linguistiche.

Questi racconti creano un ambiente di lettura di supporto, includendo;

- Ricchi contenuti linguistici in diversi generi per intrattenere l'utente ed esporlo a una varietà di forme di parole.
- Storie brevi in capitoli per darvi la soddisfazione di finire le storie e progredire rapidamente.
- Testi scritti al vostro livello in modo da essere più facilmente comprensibili e non opprimenti.
- Traduzione italiana a pagine alterne per potervi fare riferimento direttamente riga per riga durante la lettura della storia Danese.
- I vocaboli chiave sono stampati in grassetto lungo tutta la storia e la traduzione per aiutare a capire meglio le parole non familiari.

- Domande di comprensione per testare la comprensione degli eventi chiave e per incoraggiare la lettura più approfondita.

Se volete ampliare il vostro vocabolario, migliorare la vostra comprensione o semplicemente leggere per divertimento, questo libro è il più grande passo avanti che farete nei vostri studi quest'anno. I Racconti Brevi in Danese vi daranno tutto il supporto di cui avete bisogno, quindi sedetevi, rilassatevi e lasciate correre la vostra immaginazione mentre venite trasportati in un magico mondo di avventura, mistero e intrighi - in Danese!

Come utilizzare questo libro

La lettura è un talento difficile da padroneggiare. Nella nostra lingua madre usiamo una serie di micro-abilità per aiutarci a leggere. Ad esempio, possiamo sfogliare un brano per avere una comprensione approssimativa del contenuto. Oppure potremmo sfogliare numerose pagine di un orario ferroviario alla ricerca di un orario o di un luogo specifico. Mentre queste micro-abilità sono una seconda natura quando leggiamo nella nostra lingua madre, la ricerca rivela che spesso dimentichiamo la maggior parte di esse quando leggiamo in una lingua straniera. Quando si impara una lingua straniera, di solito si parte dall'inizio di un testo e lo si sfoglia, cercando di capire ogni singola parola. Inevitabilmente, ci imbattiamo in termini sconosciuti o complessi e ci infastidisce l'incapacità di comprenderli.

Uno dei maggiori vantaggi della lettura di una lingua straniera è quello di essere esposti a un gran numero di frasi ed espressioni che vengono utilizzate nelle situazioni quotidiane. La lettura intensiva è un termine usato per descrivere la lettura per piacere al fine di imparare una lingua. Non è come la lettura di un libro di testo, quando le conversazioni o i testi sono concepiti per essere letti lentamente e con attenzione con l'obiettivo di comprendere ogni parola. La "lettura intensiva" si riferisce alla lettura effettuata per raggiungere obiettivi di apprendimento specifici o per completare compiti. In altre parole, la lettura approfondita dei libri di testo di solito favorisce l'apprendimento di regole grammaticali e di un vocabolario particolare, mentre la lettura intensiva di storie favorisce l'apprendimento del linguaggio

naturale.

I Racconti Brevi in Danese vi offriranno l'opportunità di conoscere meglio la lingua naturale Danese in uso, anche se forse avete iniziato il vostro percorso di apprendimento delle lingue esclusivamente con i libri di testo. Ecco alcuni suggerimenti da tenere a mente mentre leggete le storie di questo libro per trarne il massimo beneficio: Quando si tratta di leggere, il divertimento e il senso di realizzazione sono fondamentali. Si continua a tornare perché ci si diverte a leggere. Leggere ogni storia dall'inizio alla fine è il metodo migliore per godersi le storie e sentirsi realizzati. Di conseguenza, la cosa più importante è arrivare alla fine di una storia. È più importante che conoscere ogni singola parola.

Più si legge, più si acquisisce conoscenza. Se si leggono libri più grandi per piacere, si acquisisce rapidamente una conoscenza di come funziona la Danese. Tuttavia, tenete presente che per ottenere tutti i benefici della lettura estensiva, dovete prima leggere un volume sufficientemente consistente. Leggere qualche pagina qua e là può insegnare qualche parola nuova, ma non farà una differenza significativa nel livello generale di Danese.

Accettate il fatto che non riuscirete a comprendere tutto ciò che leggete in un romanzo. Questo è, senza dubbio, il punto più cruciale! Ricordate sempre che non capire tutte le parole o le frasi è assolutamente accettabile. Non significa che le vostre competenze linguistiche siano inadeguate o che il vostro rendimento sia scarso. Indica che state partecipando attivamente al processo di apprendimento.

Guida alla lettura

Per trarre il massimo beneficio dalla lettura di Racconti Brevi in Danese, è meglio seguire questo semplice processo di lettura in sei fasi per ogni capitolo dei racconti:

1. Leggete il titolo del capitolo. Pensate al tema della storia. Poi leggete la storia fino in fondo. Il vostro obiettivo è semplicemente quello di arrivare alla fine della storia. Pertanto, non fermatevi a cercare le parole e non preoccupatevi se ci sono cose che non capite. Cercate semplicemente di seguire la trama.

2. Quando arrivate alla fine della storia, scrutate la traduzione italiana per vedere se avete capito cosa è successo e per cogliere il contesto che vi è sfuggito.

3. Tornate indietro e rileggete la stessa storia. Se volete, potete concentrarvi di più sui dettagli della storia rispetto a prima, ma altrimenti leggete semplicemente un'altra volta.

4. Successivamente, leggete le domande di comprensione in Danese per verificare la vostra comprensione degli eventi chiave della storia. Se non capite completamente le domande, non preoccupatevi. Utilizzate le vostre conoscenze per rispondere al meglio.

5. A questo punto dovreste aver compreso gli eventi principali del capitolo. In caso contrario, potreste rileggere il capitolo alcune volte utilizzando la traduzione per controllare le parole e le frasi sconosciute fino a quando non vi sentirete sicuri.

Una volta che siete pronti e sicuri di aver capito cosa è successo - che sia dopo una o più letture della storia - passate alla storia successiva e continuate a godervi la storia al vostro ritmo, proprio come fareste con qualsiasi altro libro.

Solo una volta completata una storia nella sua interezza, si può pensare di tornare indietro e studiare il linguaggio della storia in modo più approfondito, se lo si desidera. Oppure, invece di preoccuparvi di capire tutto, prendetevi del tempo per concentrarvi su ciò che avete capito e congratularvi con voi stessi per quanto avete fatto.

Racconti in Danese

Alma Hansen

Nat i København

Natten var ung, og det var vi også. Vi var lige ankommet til **København og** var klar til at udforske. Vi gik rundt i byen og tog imod seværdighederne og lydene fra dette nye sted. Luften var kold, men det gjorde os ikke noget. Vi var for begejstrede til at bekymre os om det. Vi **faldt** over en bar og besluttede os for at gå indenfor. Det var hyggeligt og varmt indenfor, og der brændte en ild i pejsen. Vi bestilte nogle **drinks og satte os** ved ilden for at slappe af. Mens vi **nippede til** vores drinks, kiggede vi på folk og talte om alle de ting, vi ville lave, mens vi var i byen. Der var så meget at se og gøre, at det var svært at vide, hvor vi skulle begynde! **Til sidst**, trætte af at have gået (og drukket), **besluttede** vi **os for** at gå hjem. Vi gik tilbage til vores hotelværelse og **fnisede** som skolepiger over alle de eventyr, der ventede os under vores ophold i København.

Den næste dag vågnede vi tidligt og besluttede at tage på gaden igen. Vi gik rundt i et stykke tid og stoppede i butikker og på caféer undervejs. Vi købte nogle **souvenirs** til vores venner derhjemme og **smagte på** nogle af de lokale retter. Om eftermiddagen tog vi på en bådtur rundt i byen. Det var så smukt! Solen skinnede, og vi fik set alle seværdighederne fra vandet. Bagefter gik vi rundt lidt mere og tog alting ind. Da det

Notte a Copenaghen

La notte era giovane, e anche noi. Eravamo appena arrivati a **Copenaghen** ed eravamo pronti a esplorare. Camminammo per la città, ammirando i panorami e i suoni di questo nuovo posto. L'aria era fredda, ma non ci importava. Eravamo troppo eccitati per preoccuparci. Ci **imbattemmo** in un bar e decidemmo di entrare. L'interno era accogliente e caldo, con un fuoco acceso nel camino. Ordinammo delle **bevande** e ci sedemmo accanto al fuoco per rilassarci. Mentre **sorseggiavamo** i nostri drink, guardavamo la gente e parlavamo di tutte le cose che volevamo fare mentre eravamo in città. C'erano così tante cose da vedere e da fare che era difficile sapere da dove cominciare! **Alla fine**, stanchi per aver camminato (e bevuto), abbiamo **deciso** di chiudere la serata. Tornammo alla nostra camera d'albergo, **ridacchiando** come scolarette per tutte le avventure che ci aspettavano durante il nostro soggiorno a Copenaghen.

Il giorno dopo ci siamo svegliati di buon'ora e abbiamo deciso di andare di nuovo in giro per le strade. Abbiamo passeggiato per un po', fermandoci nei negozi e nei caffè lungo la strada. Abbiamo comprato qualche **souvenir** per i nostri amici a casa e abbiamo **assaggiato la** cucina locale. Nel pomeriggio abbiamo

begyndte at blive mørkt, befandt vi os i Tivoli **Gardens - en** forlystelsespark lige midt i hjertet af København! Vi kørte i nogle forlystelser, spillede nogle spil og spiste masser af junkfood, inden vi endelig **tog** tilbage til vores hotelværelse igen. På vores sidste dag i **København** ville vi sikre os, at vi så alt det, som vi ikke havde nået at se endnu. Vi startede med at besøge statuen Den Lille **Havfrue -** et af Københavns mest berømte vartegn. Derefter gik turen til Rosenborg Slot, inden vi tog over til Christiansborg Slot (hvor det danske parlament har sæde).

På dette tidspunkt var vores fødder ved at være i **stykker,** men der var en ting mere på vores liste: Nyhavn er et **malerisk** havneområde med farverige bygninger, der bare tigger om at blive **fotograferet**! Og det var så der, vi endte med at tilbringe vores sidste par timer i Danmark; vi gik rundt i Nyhavn hånd i hånd, som om intet andet betød noget i verden end at være sammen i det øjeblik. " Og det var sådan vi tilbragte vores tre nætter i København. Det var en **hvirvelvind** af en tur, men vi elskede hvert eneste minut af den. Vi **skabte** så mange minder, som vi vil værdsætte for evigt. Hvis du nogensinde får chancen for at tage af sted, så tøv ikke - bare tag af sted!

fatto un giro in barca della città. È stato bellissimo! Il sole splendeva e abbiamo potuto vedere tutte le attrazioni dall'acqua. In seguito, abbiamo passeggiato ancora un po' per ammirare tutto. Al calar della sera, ci siamo ritrovati ai **Giardini** di Tivoli**, un** parco divertimenti proprio nel cuore di Copenaghen! Siamo saliti su alcune giostre, abbiamo giocato e mangiato un sacco di schifezze prima di tornare alla nostra camera d'albergo. Nel nostro ultimo giorno a **Copenaghen**, volevamo assicurarci di vedere tutto ciò per cui non avevamo ancora avuto tempo. Abbiamo iniziato visitando la statua della **Sirenetta**, uno dei monumenti più famosi di Copenaghen. Poi siamo andati a vedere il Castello di Rosenborg prima di dirigerci verso il Palazzo di Christiansborg (la sede del Parlamento danese).

A questo punto, i piedi ci stavano **uccidendo**, ma c'era un'altra cosa sulla nostra lista: Nyhavn è una **pittoresca** area portuale fiancheggiata da edifici colorati che non aspetta altro che essere **fotografata**! Ed è così che abbiamo trascorso le nostre ultime ore in Danimarca, passeggiando per Nyhavn mano nella mano come se nulla fosse importante al mondo se non essere insieme in quel momento. "E così abbiamo trascorso le nostre tre notti a Copenaghen. È stato un viaggio **vorticoso**, ma ne abbiamo amato ogni minuto. Abbiamo **creato** tanti ricordi che conserveremo per sempre. Se avete la possibilità di andarci, non esitate: andateci!

Forståelse spørgsmål

1. Hvad er hovedpersonens første tanker, da han ankommer til København?

2. Hvor tager hovedpersonen og deres ledsager hen efter at have forladt deres hotelværelse?
første aften?

3. Hvad laver hovedpersonen på den anden dag i København?

4. Hvorfor er Tivoli en passende aktivitet for hovedpersonen på deres tredje aften i København?

5. Hvordan føler hovedpersonen sig ved slutningen af rejsen?

6. Hvad er hovedpersonens favorit ved København?

7. Hvad synes hovedpersonen om maden i København?

8. Hvad er hovedpersonens mening om Rosenborg Slot?

9. Hvad synes hovedpersonen om Nyhavn?

Domande di comprensione

1. Quali sono i primi pensieri del protagonista al suo arrivo a Copenaghen?

2. Dove vanno il protagonista e il suo accompagnatore dopo aver lasciato la camera d'albergo?
prima notte?

3. Cosa fa il protagonista il secondo giorno a Copenaghen?

4. Perché i Giardini di Tivoli sono un'attività appropriata per il protagonista durante la sua terza notte a Copenaghen?

5. Come si sente il protagonista alla fine del viaggio?

6. Qual è la cosa che il protagonista preferisce di Copenaghen?

7. Cosa pensa il protagonista del cibo di Copenaghen?

8. Qual è l'opinione del protagonista sul castello di Rosenborg?

9. Cosa pensa il protagonista di Nyhavn?

Den gamle vindmølle

Den gamle **vindmølle** havde været forladt i årevis. Men da den nye **familie** flyttede ind, besluttede de sig for at sætte den i stand. **Far** og søn arbejdede sammen for at få vingerne til at dreje igen. Og snart lavede møllen igen mel. Møllen blev et populært sted for turister. De kom for at se **vingerne** dreje i vinden og købe frisk mel af familien. Faderen og sønnen nød at have folk omkring sig og høre deres historier. En dag kom der en **kvinde på** besøg, som fortalte, at hun havde boet i huset ved møllen, da hun var barn. Hun fortalte dem om, hvordan hendes **bedstefar** plejede at drive møllen i dens storhedstid. Mens hun talte, kunne faderen og sønnen se, at hun stadig havde en dyb tilknytning til dette sted på **trods af** alle de år, der var gået. Kvindens bedstefar var gået bort for nogle år siden, men hun kom stadigvæk på besøg på den gamle mølle.

Hun sad ved vinduet i sin bedstefars værelse og så på, hvordan **bladene** drejede sig. Det bragte så mange **minder frem i** hendes bevidsthed. En dag besluttede hun sig for at tage ned til møllen og tale med den far og søn, der nu drev den. De var glade for at høre hendes historier om stedets historie. Og de fortalte hende, at hun altid var velkommen til at komme på besøg,

Il vecchio mulino a vento

Il vecchio **mulino a vento** era stato abbandonato per anni. Ma quando la nuova **famiglia** si è trasferita qui, ha deciso di rimetterlo in sesto. **Padre** e figlio lavorarono insieme per far girare di nuovo le pale. Ben presto il mulino tornò a produrre farina. Il mulino divenne un luogo popolare per i turisti. Venivano a vedere le **pale** girare al vento e a comprare la farina fresca dalla famiglia. Al padre e al figlio piaceva avere intorno persone e ascoltare le loro storie. Un giorno venne in visita una **donna** che disse di aver vissuto nella casa vicino al mulino quando era bambina. Raccontò che suo **nonno** gestiva il mulino ai tempi del suo massimo splendore. Mentre parlava, il padre e il figlio hanno potuto constatare che la donna aveva ancora un legame profondo con questo luogo**, nonostante** tutti questi anni di lontananza. Il nonno della donna era morto qualche anno fa, ma lei continuava a visitare il vecchio mulino.

Si sedeva vicino alla finestra nella stanza del nonno e guardava le **pale** girare. Le riportava alla mente tanti **ricordi**. Un giorno decise di andare al mulino e di parlare con i due figli che lo gestivano. Furono felici di ascoltare i suoi racconti sulla storia del luogo. E le

når hun havde lyst. Kvinden blev en regelmæssig besøgende på møllen. Hun tog sine **børnebørn** og oldebørn med for at se den. Og hun stoppede altid op og talte med faderen og sønnen, som drev den. De var **blevet** gode venner i årenes løb. En dag begyndte kvindens helbred at blive dårligere, og hun vidste, at hun ikke ville være i stand til at komme tilbage til møllen igen.

Så hun spurgte **faderen** og sønnen, om de kunne holde øje med den for hende. De **lovede, at** de ville passe på den, ligesom hun havde gjort for alle de år siden. Den gamle vindmølle står stadig i dag. Bladene drejer ikke længere, men det er ikke desto mindre et smukt syn. Og når vinden blæser, kan man stadig høre den svage lyd af møllen, der kværner mel. Kvinden **døde for** et par år siden, men hendes familie kommer stadig på besøg i møllen. De sidder i hendes bedstefars værelse og kigger ud på **vingerne, der** drejer i vinden. Og de husker alle de glade stunder, de havde her sammen med deres bedstemor. Den gamle vindmølle er et symbol på kvindens liv. Den er en påmindelse om hendes dybe tilknytning til dette sted og de **mennesker,** hun elskede. Og den vil altid være en del af hendes families historie.

dissero che era sempre la benvenuta se voleva venire a trovarli. La donna divenne una visitatrice abituale del mulino. Portava i **nipoti** e i pronipoti a vederlo. E si fermava sempre a parlare con il padre e il figlio che lo gestivano. Nel corso degli anni erano **diventati** buoni amici. Un giorno, la salute della donna cominciò a peggiorare e sapeva che non sarebbe stata in grado di tornare al mulino.

Così chiese al **padre** e al figlio se potevano tenerla d'occhio per lei. **Promisero che** se ne sarebbero presi cura proprio come aveva fatto lei tanti anni prima.
Il vecchio mulino a vento è ancora in piedi oggi. Le pale non girano più, ma è comunque uno spettacolo bellissimo. E quando il vento soffia, si può ancora sentire il lieve suono del mulino che macina la farina.
La donna è **morta** qualche anno fa, ma la sua famiglia viene ancora a visitare il mulino. Siedono nella stanza del nonno e guardano le **pale** che girano nel vento.
E ricordano tutti i momenti felici trascorsi qui con la nonna. Il vecchio mulino a vento è un simbolo della vita della donna. Ricorda il suo profondo legame con questo luogo e con le **persone che** amava. E sarà sempre parte della storia della sua famiglia.

Forståelse spørgsmål

1. Hvad gjorde den nye familie, da de flyttede ind i huset ved den gamle vindmølle?

2. Hvordan blev møllen populær igen?

3. Hvem kom på besøg i møllen en dag?

4. Hvad sagde kvinden, der kom på besøg, til faderen og sønnen?

5. Hvorfor begyndte kvinden at komme på besøg på møllen igen?

6. Hvordan ændrede forholdet mellem kvinden og faderen og sønnen sig over tid?

7. Hvad bad kvinden faderen og sønnen om at gøre, før hun døde?

8. Hvad er den gamle vindmølle et symbol på for kvindens familie?

9. Hvad gør familien, når de besøger den gamle vindmølle?

10. Hvad repræsenterer lyden af møllen, der kværner mel, for kvindens familie?

Domande di comprensione

1. Cosa fece la nuova famiglia quando si trasferì nella casa vicino al vecchio mulino a vento?

2. Come ha fatto il mulino a tornare in auge?

3. Chi venne a visitare il mulino un giorno?

4. Che cosa disse al padre e al figlio la donna che era venuta a trovarlo?

5. Perché la donna ha ricominciato a visitare il mulino?

6. Come è cambiato il rapporto tra la donna e il padre e il figlio nel corso del tempo?

7. Cosa chiese la donna al padre e al figlio prima di morire?

8. Di che cosa è simbolo il vecchio mulino a vento per la famiglia della donna?

9. Cosa fa la famiglia quando visita il vecchio mulino a vento?

10. Che cosa rappresenta per la famiglia della donna il suono del mulino che macina la farina?

Tivoli-haverne

Tivoli-haven var engang et **smukt** sted. Blomsterne blomstrede, træerne var grønne, og solen skinnede ned på de glade mennesker nedenunder. Men det var før krigen. Nu er haven kun en skygge af sit tidligere selv. Blomsterne er visnet, træerne er døde, og der er ingen tegn på **liv nogen** steder. Men selv i denne mørke tid er der stadig håb. En lille gruppe modstandskæmpere har brugt haverne som base **for at** slå tilbage mod besættelsesmagten. De planlægger og gennemfører dristige angreb mod fjendens mål og **forsvinder** altid i skyggerne **bagefter**. En aften får de besked om, at en højtstående embedsmand vil besøge haven for at inspicere den.

Dette er deres chance for at tage ham som gidsel og få en reel indflydelse på krigsindsatsen! De udarbejder omhyggeligt deres planer og venter på, at han ankommer. Embedsmanden ankommer lige til tiden, flankeret af et **dusin** tungt bevæbnede livvagter. Modstandskæmperne går i aktion og angriber med alt, hvad de har. Men **livvagterne** er for stærke, og embedsmanden undslipper. Kæmperne omgrupperer sig i haven, slikker deres sår og planlægger deres næste træk. De ved, at dette blot var et tilbageslag - de

Giardini di Tivoli

I Giardini di Tivoli erano un tempo un luogo **bellissimo**. I fiori erano in fiore, gli alberi erano verdi e il sole splendeva sulla gente felice. Ma questo era prima della guerra. Ora i giardini sono l'ombra di ciò che erano un tempo. I fiori sono appassiti, gli alberi sono morti e non c'è segno di **vita** da nessuna parte. Ma anche in questo periodo buio, c'è ancora speranza. Un piccolo gruppo di combattenti della resistenza ha usato i giardini come base **operativa** per contrattaccare le forze di occupazione. Pianificano ed eseguono audaci incursioni contro obiettivi nemici, **scomparendo poi** sempre nell'ombra. Una notte, ricevono la notizia che un alto funzionario visiterà i giardini per un'ispezione.

È la loro occasione per prenderlo in ostaggio e avere un impatto reale sullo sforzo bellico! Preparano con cura i loro piani e aspettano il suo arrivo. L'ufficiale arriva puntuale, affiancato da una **dozzina di** guardie del corpo pesantemente armate. I combattenti della resistenza entrano in azione e attaccano con tutte le loro forze. Ma le **guardie del corpo** sono troppo forti e il funzionario scappa. I combattenti si raggruppano nei giardini, leccandosi le ferite e pianificando la prossima mossa. Sanno che si è trattato solo di una battuta d'arresto: presto avranno un'altra occasione per colpire.

får snart en ny chance for at slå til. I **mellemtiden** vil de fortsætte med at kæmpe fra **skyggerne** og vente på deres øjeblik til at skinne igen.

Modstandskæmperne er ved at blive desperate. De har **slået til** mod fjenden i månedsvis nu, men de synes altid at være et skridt bagud. De har brug for en stor sejr, noget, der virkelig vil øge moralen og give dem overtaget i denne krig. Så får de besked om, at embedsmanden er på **vej** tilbage til haverne. Denne gang har de ikke tænkt sig at lade ham slippe væk! De lægger et bagholdsangreb og venter på, at han ankommer. Embedsmanden ankommer, men denne gang er han forberedt. Han har et dusin livvagter med sig, samt en kampvogn! Modstandskæmperne kæmper en brav kamp, men de **kan** ikke klare fjendens overlegne ildkraft. De er **tvunget til at** trække sig tilbage i haven, og deres håb om at pågribe embedsmanden svinder endnu en gang. Men selv i nederlaget nægter de at opgive håbet.

De ved, at der stadig er en chance for at vinde denne krig - det eneste, de behøver, er endnu et heldigt gennembrud. Modstandskæmperne får deres heldige chance. De får at vide, at embedsmanden kommer til haven igen, men denne gang **rejser** han alene. Dette er deres chance for endelig at fange ham! De lægger et bagholdsangreb og venter på, at han ankommer.

Nel **frattempo**, continueranno a combattere nell'**ombra**, in attesa del loro momento di gloria.

I combattenti della resistenza sono sempre più disperati. Sono mesi che **colpiscono** il nemico, ma sembrano sempre un passo indietro. Hanno bisogno di una grande vittoria, qualcosa che risollevi il morale e dia loro il sopravvento in questa guerra. Poi, ricevono la notizia che l'ufficiale sta tornando nei giardini. Questa volta non se lo lasceranno scappare! Preparano un'imboscata e aspettano il suo arrivo. Il funzionario arriva, ma questa volta è preparato. Ha con sé una dozzina di guardie del corpo e un carro armato! I **resistenti si battono** coraggiosamente, ma non sono all'**altezza della** superiore potenza di fuoco delle forze nemiche. Sono **costretti** a ritirarsi nei giardini e la speranza di catturare il funzionario svanisce ancora una volta. Ma anche nella sconfitta, si rifiutano di perdere la speranza.

Sanno che c'è ancora una possibilità di vincere questa guerra: tutto ciò di cui hanno bisogno è un altro colpo di fortuna. I combattenti **della resistenza** hanno il loro colpo di fortuna. Ricevono la notizia che l'ufficiale sta arrivando di nuovo ai giardini, ma questa volta **viaggia** da solo. È la loro occasione per catturarlo! Preparano un'imboscata e aspettano il suo arrivo.

Forståelse spørgsmål

1. Hvordan var Tivolihaven før krigen?

2. Hvad laver modstandskæmperne i haverne?

3. Hvad sker der, når den højtstående embedsmand besøger haverne for at inspicere dem?

4. Hvorfor har modstandskæmperne brug for en stor sejr?

5. Hvad gør tjenestemanden, da han bliver overfaldet anden gang?

6. Hvordan føler modstandskæmperne sig efter deres mislykkede bagholdsangreb?

7. Hvad er modstandskæmpernes heldige udfald?

8. Hvad gør modstandskæmperne, da de endelig fanger embedsmanden?

9. Hvilken betydning har embedsmanden for modstandskæmperne?

10. Hvad er den overordnede stemning i teksten?

Domande di comprensione

1. Com'erano i Giardini di Tivoli prima della guerra?

2. Cosa fanno i resistenti nei giardini?

3. Cosa succede quando l'alto funzionario visita i giardini per un'ispezione?

4. Perché i combattenti della resistenza hanno bisogno di una grande vittoria?

5. Cosa fa il funzionario quando subisce la seconda imboscata?

6. Come si sentono i resistenti dopo il fallimento dell'imboscata?

7. Qual è il colpo di fortuna dei resistenti?

8. Cosa fanno i resistenti quando finalmente catturano l'ufficiale?

9. Qual è il significato dell'ufficiale per i combattenti della resistenza?

10. Qual è l'atmosfera generale del testo?

Rejse til Rundetårn

Jeg vågnede tidligt i morges og var ivrig efter at starte min rejse. Jeg havde planlagt den i ugevis, og alt var endelig på plads. Jeg pakkede min taske med noget tøj og et par snacks og begav mig så af sted mod Rundetårn, det tårn, der **står** i centrum af **København**. Min plan var at **klatre** op på toppen og nyde udsigten over byen nedenunder. Da jeg gik gennem gaderne, kunne jeg ikke undgå at lægge mærke til alle de mennesker, der skyndte sig rundt i deres hverdag. Det fik mig til at føle mig en smule misundelig; de syntes alle at vide, hvor de skulle hen, og hvad de lavede, mens jeg følte mig som en fortabt **turist** i min egen by. Men snart nok **ankom** jeg til Rundetrn og begyndte at gå op ad de snoede trapper. Det tog mig et stykke tid at nå toppen, men da jeg nåede den, var udsigten det mere end værd; København strakte sig foran mig i al sin pragt, funklende i morgensolen."

Da jeg stod på toppen af Rundetrn, følte jeg, at jeg kunne se **alt**. Byen travlhed under mig, og havnen glitrede i det fjerne. Jeg kunne endda se et par både, der var på vej ud på havet. Det var et smukt syn, som jeg aldrig vil glemme. Men mens jeg stod der og tog det hele i mig, skete der noget mærkeligt; jeg begyndte at føle mig svimmel og svimmel. Det næste, jeg vidste,

Viaggio a Rundetårn

Mi sono svegliata presto questa mattina, ansiosa di iniziare il mio viaggio. L'avevo programmato da settimane e finalmente tutto era al suo posto. Ho preparato la borsa con alcuni vestiti e qualche spuntino, poi sono partita verso Rundetrn, la torre che **si erge** nel centro di **Copenaghen**. Il mio piano era di **salire** in cima e ammirare il panorama della città sottostante. Mentre camminavo per le strade, non potevo fare a meno di notare tutte le persone che si affrettavano nella loro vita quotidiana. Mi sono sentita un po' invidiosa: tutti sembravano sapere dove stavano andando e cosa stavano facendo, mentre io mi sentivo una **turista** sperduta nella mia stessa città. Ma presto **arrivai** a Rundetrn e cominciai a salire le sue scale tortuose. Mi ci è voluto un po' per arrivare in cima, ma quando l'ho fatto, la vista era più che meritata: Copenaghen si estendeva davanti a me in tutta la sua gloria, scintillante sotto il sole del mattino".

In cima al Rundetrn, mi sembrava di poter vedere **tutto**. La città brulicava sotto di me e il porto scintillava in lontananza. Ho persino avvistato alcune barche che si dirigevano verso il mare. Era uno spettacolo bellissimo che non dimenticherò mai. Ma mentre stavo lì a godermi tutto questo, accadde qualcosa di strano:

var, at jeg faldt. På en eller anden måde lykkedes det mig at overleve mit fald fra Rundetrn. Da jeg ramte jorden, forventede jeg at være død eller i det mindste alvorligt såret, men i stedet havde jeg kun nogle få blå mærker og skrammer. “Det er et mirakel!” sagde folk, mens de flokkedes om mig. “Du må være blevet reddet af en engel!” Jeg blev **rystet** af mit fald, men var ellers **uskadt**. Da jeg kom på benene, kunne jeg ikke lade være med at føle, at noget havde ændret sig. Det var som om jeg havde fået en ny **chance** i livet, og jeg vidste, at jeg måtte få det bedste ud af den.

Fra da af besluttede jeg mig for at leve hver dag fuldt ud og sætte pris på alle de små ting i livet. Og hver gang jeg kigger ud over **København** fra Rundetårn, bliver jeg mindet om, hvor **heldig** jeg er. “ Der er gået et par år siden mit fald fra Rundetrn, og livet har **behandlet** mig godt. Jeg **bor** stadig i København, og jeg har endda **stiftet** min egen familie. Min kone og jeg tager ofte vores børn med til Rundetrn for at vise dem udsigten over byen. Og hver gang vi gør det, kan jeg ikke lade være med at tænke tilbage på den skæbnesvangre dag, hvor jeg faldt ... men også på hvor taknemmelig jeg er for at være i live. “

iniziai a provare vertigini e giramenti di testa. Subito dopo mi sono accorto che stavo cadendo. In qualche modo, sono riuscito a sopravvivere alla caduta da Rundetrn. Quando ho toccato terra, mi aspettavo di essere morto o almeno gravemente ferito, ma invece avevo solo qualche livido e qualche graffio. "È un miracolo!", dicevano le persone che si affollavano intorno a me. "Devi essere stato salvato da un angelo!". Ero **scosso** dalla caduta, ma per il resto ero **illeso**. Quando mi sono rimessa in piedi, non ho potuto fare a meno di sentire che qualcosa era cambiato. Era come se mi fosse stata data una seconda **possibilità di** vita e sapevo di doverla sfruttare al massimo.

Da quel momento ho deciso di vivere ogni giorno al massimo e di apprezzare tutte le piccole cose della vita. E ogni volta che guardo **Copenaghen** da Rundetrn, mi ricordo di quanto sono **fortunato". "Sono** passati alcuni anni dalla mia caduta da Rundetrn e la vita mi ha **trattato** bene. **Vivo** ancora a Copenaghen e ho anche **messo su** famiglia. Mia moglie e io portiamo spesso i nostri figli a Rundetrn per mostrare loro la vista della città. E ogni volta che lo facciamo, non posso fare a meno di pensare a quel fatidico giorno in cui sono caduto... ma anche a quanto sono grato di essere vivo. "

Forståelse spørgsmål

1. Hvad gør hovedpersonen, da han ankommer til Rundetrn?

2. Hvordan har hovedpersonen det med de mennesker, han ser i København?

3. Hvad ser hovedpersonen fra toppen af Rundetrn?

4. Hvad sker der med hovedpersonen, mens han er på toppen af Rundetrn?

5. Hvordan har hovedpersonen det, efter at han er faldet ned fra Rundetrn?

6. Hvad siger folk til hovedpersonen, efter at han er faldet?

7. Hvordan ændrer hovedpersonens fald hans syn på livet?

8. Hvad gør hovedpersonen anderledes efter sit fald?

9. Hvordan har hovedpersonen det, når han tager sin familie med til Rundetrn?

10. Hvad tænker hovedpersonen på, når han ser på Rundetrn med sin familie?

Domande di comprensione

1. Cosa fa il protagonista quando arriva a Rundetrn?

2. Cosa prova il protagonista nei confronti delle persone che vede a Copenaghen?

3. Cosa vede il protagonista dalla cima del Rundetrn?

4. Cosa succede al protagonista mentre è in cima al Rundetrn?

5. Come si sente il protagonista dopo la caduta da Rundetrn?

6. Cosa dicono le persone al protagonista dopo la sua caduta?

7. In che modo la caduta del protagonista cambia la sua prospettiva di vita?

8. Che cosa fa di diverso il protagonista dopo la sua caduta?

9. Come si sente il protagonista quando porta la sua famiglia a Rundetrn?

10. A cosa pensa il protagonista quando guarda Rundetrn con la sua famiglia?

Skøjteløb på frosne kanaler

Gravene i Amsterdam er et smukt syn om vinteren. De er endnu **smukkere,** når du skøjter på dem. Jeg var heldig nok til at opleve dette på første hånd for nylig. Jeg havde altid gerne villet skøjte på kanalerne, men havde aldrig haft chancen. Så da jeg så, at de var frosset til, vidste jeg, at jeg måtte udnytte det. Jeg **lejede** nogle skøjter og begav mig ud på isen. Det var en **fantastisk** følelse at glide over kanalens glatte overflade. Den kolde luft var forfriskende og opkvikkende. Og landskabet var simpelthen betagende. Indimellem stoppede jeg op for at beundre udsigten eller tage et billede. Til sidst nåede jeg tilbage til bredden og afleverede mine skøjter tilbage. Det var en **uforglemmelig** oplevelse, som jeg helt sikkert snart vil gentage igen!

Jeg vågnede tidligt næste morgen og var ivrig efter at komme ud på kanalen igen. Jeg havde drømt om at stå på skøjter hele natten lang. Jeg tog hurtigt **tøj på** og tog ned til udlejningsbutikken. Men da jeg ankom, var der et skilt på døren, hvor der stod "lukket". **Skuffet** vendte jeg mig om for at gå, men så hørte jeg **nogen** kalde mit navn. Det var ejeren af butikken. Han fortalte mig, at

Pattinare sui canali ghiacciati

I canali di Amsterdam sono uno spettacolo bellissimo in inverno. Sono ancora più **belli** quando ci si pattina sopra. Di recente ho avuto la fortuna di sperimentarlo in prima persona. Avevo sempre desiderato pattinare sui canali, ma non ne avevo mai avuto l'occasione. Così, quando ho visto che erano ghiacciati, ho capito che dovevo approfittarne. Ho **noleggiato** i pattini e sono scesa sul ghiaccio. È stata una sensazione **incredibile** scivolare sulla superficie liscia del canale. L'aria fredda era rinfrescante e rinvigorente. E il paesaggio era semplicemente mozzafiato. Di tanto in tanto mi fermavo ad ammirare il panorama o a scattare una foto. Alla fine sono tornata a riva e ho restituito i pattini. È stata un'esperienza **indimenticabile**, che sicuramente ripeterò presto!

La mattina dopo mi sono svegliata presto, desiderosa di tornare sul canale. Avevo sognato di pattinare per tutta la notte. Mi **vestii** in fretta e mi diressi al negozio di noleggio. Ma quando arrivai, sulla porta c'era un cartello con scritto "chiuso". **Delusa**, mi voltai per andarmene, ma poi sentii **qualcuno** chiamare il mio nome. Era il proprietario del negozio. Mi disse che avrebbe aperto

han ville åbne tidligt kun for mig. Han vidste, hvor meget jeg ønskede at skate igen, og han ville ikke have, at jeg skulle gå glip af min chance. Så vi tog vores **skøjter** på og gik på isen endnu en gang! Mens jeg skøjter langs kanalen, kan jeg ikke lade være med at føle mig **taknemmelig** for denne mulighed. Det er ikke ofte, at man får mulighed for at skøjte på en frossen kanal. Og det er endnu sjældnere, at man får mulighed for at gøre det to gange på en uge! Jeg er **fast besluttet på** at få det bedste ud af det, mens jeg kan.

Hver dag bruger jeg et par timer på at stå på skøjter. Og hver gang udforsker jeg en anden del af kanalen. Der er så mange smukke seværdigheder at se, og der er så meget historie at lære om. At skøjte på Amsterdams **kanaler er** hurtigt blevet en af mine yndlingsaktiviteter! En morgen vågnede jeg op og opdagede, at kanalerne var tøet op i løbet af natten. Al isen var væk, og **vandet** flød igen. Jeg vidste, at min tid med at skøjte på skøjter på kanalerne var forbi. Men jeg var allerede i gang med at planlægge min næste tur! Der er trods alt ikke noget bedre end at skøjte på skøjter på en frossen kanal i Amsterdam! Nu er jeg **hjemme** igen, men jeg kan ikke holde op med at tænke på min tid i Amsterdam. at skøjte på de frosne kanaler var en utrolig oplevelse, som jeg aldrig vil **glemme**. Jeg tæller allerede dagene ned til næste vinter!

presto solo per me. Sapeva quanto desiderassi tornare a pattinare e non voleva che perdessi la mia occasione. Così abbiamo indossato i **pattini** e siamo scesi di nuovo sul ghiaccio! Mentre pattino lungo il canale, non posso fare a meno di sentirmi **grata** per questa opportunità. Non capita spesso di pattinare su un canale ghiacciato. E ancora meno spesso capita di poterlo fare due volte in una settimana! Sono **decisa a sfruttarla** al massimo finché posso.

Ogni giorno trascorro qualche ora a pattinare. E ogni volta esploro una parte diversa del canale. Ci sono così tante bellezze da vedere e così tanta storia da conoscere. Pattinare sui **canali di** Amsterdam è diventata rapidamente una delle mie attività preferite! Una mattina, svegliandomi, ho scoperto che i canali si erano scongelati durante la notte. Tutto il ghiaccio era sparito e l'**acqua** scorreva di nuovo. Sapevo che il mio periodo di pattinaggio sui canali era giunto al termine. Ma stavo già programmando il mio prossimo viaggio! Dopo tutto, non c'è niente di meglio che pattinare su un canale ghiacciato ad Amsterdam! Ora sono tornata a **casa**, ma non riesco a smettere di pensare al periodo trascorso ad Amsterdam. pattinare sui canali ghiacciati è stata un'esperienza incredibile che non **dimenticherò** mai. Sto già contando i giorni che mancano al prossimo inverno!

Forståelse spørgsmål

1. Hvad er forfatterens yndlingsbeskæftigelse i Amsterdam?

2. Hvad gør forfatteren, da han først ankommer til udlejningsforretningen?

3. Hvordan har forfatteren det med at skøjte på kanalerne?

4. Hvorfor er det noget særligt at skøjte på kanalerne om natten?

5. Hvad laver forfatteren på sin sidste dag i Amsterdam?

6. Hvordan har forfatteren det, da han vågner næste morgen?

7. Hvad står der på skiltet på døren til udlejningsbutikken?

8. Hvem kalder forfatterens navn, da han forlader butikken?

9. Hvor ofte skøjter forfatteren på kanalen?

Domande di comprensione

1. Qual è la cosa che l'autore preferisce fare ad Amsterdam?

2. Cosa fa l'autore quando arriva al negozio di noleggio?

3. Cosa prova l'autore a pattinare sui canali?

4. Perché è speciale pattinare sui canali di notte?

5. Che cosa fa l'autore nel suo ultimo giorno ad Amsterdam?

6. Come si sente l'autore quando si sveglia la mattina dopo?

7. Cosa dice l'insegna sulla porta del negozio di noleggio?

8. Chi chiama il nome dell'autore quando esce dal negozio?

9. Quanto spesso l'autore pattina sul canale?

Jul i Aalborg

Det var juleaften i Aalborg, og byen var fyldt med spænding. **Gaderne** var fyldt med mennesker, der alle var ivrige efter at få et glimt af julemanden, som var på vej gennem byen. Børn grinede og legede omkring juletræet på torvet, mens deres forældre så på fra nærliggende caféer og restauranter. Pludselig opstod der **tumult for** enden af gaden. Folk begyndte at pege og råbe begejstret. Julemanden er ankommet! Han vinkede til **alle,** mens han bevægede sig ned ad gaden og af og til **stoppede op** for at snakke med børnene eller for at dele gaver ud. Da han nåede frem til torvet, standsede han foran juletræet og lagde en stor sæk under det.

Så vendte han sig **uden at** sige et ord om og begyndte at gå tilbage op ad gaden i retning af det sted, hvor han var kommet fra. Publikum brød ud i jubel og klapsalver, da de så ham forsvinde i det fjerne. Det havde været en **uforglemmelig** juleaften i Aalborg! Næste **morgen var der** travlhed på torvet, hvor folk skyndte sig at se, hvad julemanden havde efterladt i sin sæk. Der var gaver til alle Aalborgs børn i sækken! Der var legetøj, tøj, slik og meget mere. **Forældrene** blev heller ikke glemt, for der var også gaver til dem. Det var en jul, som alle ville huske i mange år fremover! Som årene gik,

Natale ad Aalborg

Era la vigilia di Natale ad Aalborg e la città era in fermento. Le **strade** erano piene di gente, tutti desiderosi di vedere Babbo Natale mentre attraversava la città. I bambini ridevano e giocavano intorno all'albero **di Natale** in piazza, mentre i genitori li osservavano dai caffè e dai ristoranti vicini. All'improvviso, in fondo alla strada, c'è stato un **trambusto**. La gente ha iniziato a indicare e a gridare eccitata. È arrivato Babbo Natale! Salutò **tutti** mentre percorreva la strada, **fermandosi** di tanto in tanto a chiacchierare con i bambini o a distribuire regali. Arrivato in piazza, si fermò davanti all'albero di Natale e vi pose sotto un grande sacco.

Poi, **senza** dire una parola, si voltò e cominciò a risalire la strada verso il punto da cui era venuto. La folla esplose in grida e applausi mentre lo guardava scomparire in lontananza. Era stata una vigilia di Natale **indimenticabile** ad Aalborg! La **mattina** dopo, la piazza era piena di attività, mentre la gente si affrettava a vedere cosa aveva lasciato Babbo Natale nel suo sacco. Dentro c'erano i regali per tutti i bambini di Aalborg! C'erano giocattoli, vestiti, dolci e molto altro. Anche i **genitori** non sono stati dimenticati, perché c'erano regali anche per loro. Fu un Natale che tutti avrebbero ricordato per gli anni a venire! Con il passare degli anni, Babbo Natale continuò a visitare Aalborg la

fortsatte julemanden med at besøge Aalborg juleaften. Traditionen med at efterlade gaver på **torvet, som** alle kan glæde sig over, er blevet kendt i hele Danmark. Folk kom fra nær og fjern for at se julemanden i Aalborg juleaftensdag. Og det var takket være en enkelt mands **gavmildhed** og kærlighed til at give, at denne smukke tradition startede!

Hver juleaften er torvet i Aalborg fyldt med mennesker fra hele verden hver eneste **juleaften.** De kommer for at se julemanden og for at opleve den glæde og lykke, som han bringer til alle, han møder. Det er virkelig et magisk sted, og det hele startede med en mands **venlige** handling for så mange år siden. Et år **besluttede** julemanden **sig for** at gå på pension. Han vidste, at det var på tide, at en anden overtog hans rolle og bragte lykke til Aalborgs befolkning juleaften. Så han håndplukkede en **efterfølger** og uddannede ham i alt, hvad han skulle vide om at være julemand. Juleaftensdag det år gik den nye julemand gennem byen og stoppede op for at snakke med børn og dele gaver ud, ligesom hans **forgænger** havde gjort. Da han nåede frem til torvet, lagde han en stor sæk under træet, inden han vendte om og gik tilbage op ad gaden. Publikum brød endnu en gang ud i jubel og **klapsalver og bød** deres nye julemand **velkommen!** Og siden da har en ny julemand hvert år overtaget rollen som den, der bringer glæde til alle i Aalborg juleaften. Det er virkelig et særligt sted på denne tid af året!

vigilia di Natale. La tradizione di lasciare regali in **piazza** per tutti è diventata nota in tutta la Danimarca. La gente veniva da lontano per vedere Babbo Natale ad Aalborg la vigilia di **Natale**. È stato grazie alla **generosità** e all'amore per il dono di un uomo che è nata questa bellissima tradizione!

Ogni vigilia di **Natale**, la piazza di Aalborg si riempie di persone provenienti da tutto il mondo. Vengono a vedere Babbo Natale e a sperimentare la gioia e la felicità che porta a tutti coloro che incontra. È davvero un luogo magico e tutto è iniziato con un atto di **gentilezza** di un uomo tanti anni fa. Un anno Babbo Natale **decise di** andare in pensione. Sapeva che era giunto il momento che qualcun altro assumesse il suo ruolo e portasse felicità agli abitanti di Aalborg la vigilia di Natale. Così scelse un **successore** e lo istruì su tutto ciò che c'era da sapere su Babbo Natale. La vigilia di Natale di quell'anno, il nuovo Babbo Natale attraversò la città, fermandosi a chiacchierare con i bambini e a distribuire regali proprio come aveva fatto il suo **predecessore**. Arrivato in piazza, depose un grosso sacco sotto l'albero prima di voltarsi e riprendere la strada. La folla esplose ancora una volta in grida e **applausi**, **dando il benvenuto al** nuovo Babbo Natale! E così, ogni anno da allora, un nuovo Babbo Natale ha assunto il ruolo di portare gioia a tutti gli abitanti di Aalborg la vigilia di **Natale**. È davvero un luogo speciale in questo periodo dell'anno!

Forståelse spørgsmål

1. Hvad er traditionen i Aalborg juleaften?

2. Hvordan startede denne tradition?

3. Hvem er den nye julemand hvert år?

4. Hvad gør julemanden, når han når frem til pladsen?

5. Hvad er der i den store sæk, som julemanden lægger under træet?

6. Hvad kommer folk fra hele verden til Aalborg for at se juleaften?

7. Hvorfor besluttede julemanden sig for at gå på pension?

8. Hvem har håndplukket julemandens efterfølger?

9. Hvad laver den nye julemand juleaften?

Domande di comprensione

1. Qual è la tradizione di Aalborg alla vigilia di Natale?

2. Come è nata questa tradizione?

3. Chi è il nuovo Babbo Natale ogni anno?

4. Cosa fa Babbo Natale quando arriva in piazza?

5. Cosa c'è nel grande sacco che Babbo Natale mette sotto l'albero?

6. Che cosa viene a vedere la gente di tutto il mondo ad Aalborg la vigilia di Natale?

7. Perché Babbo Natale ha deciso di andare in pensione?

8. Chi ha scelto il successore di Babbo Natale?

9. Cosa fa il nuovo Babbo Natale la vigilia?

Udforskning af Jelling Mounds

Jellinghøjene er et **fascinerende** historisk sted i Danmark. De stammer helt tilbage fra vikingetiden og blev brugt som gravhøje for vigtige personer fra den tid. Jeg har altid været interesseret i historie, så da jeg hørte om muligheden for at udforske disse **gravhøje, greb** jeg chancen med kyshånd. Jeg blev ikke **skuffet**. Det første, der slog mig, var størrelsen på dem - de er enorme! Og der er to af dem, side om side. Det er let at forestille sig, hvor **imponerende** de ville have set ud for nogen, der levede i vikingetiden. Da vi udforskede videre, fandt vi mange interessante **artefakter** inde i højene. Det omfattede smykker, våben og endda nogle menneskelige rester. Det var utroligt at tænke på, hvem disse **mennesker** var, og hvordan deres liv ville have været for alle disse år siden. Vi lærte også om endnu en **interessant** kendsgerning om Jellinghøjene - de siges at være hjemsøgte!

Tilsyneladende er der i årenes løb blevet set **spøgelsesfigurer** omkring dem. Uanset om det er sandt eller ej, giver det i hvert fald disse i forvejen fascinerende historiske monumenter et ekstra element af intriger. Da vi **gik** rundt om Jelling Mounds, kunne

Esplorazione dei tumuli di Jelling

I tumuli di Jelling sono un **affascinante** sito storico in Danimarca. Risalgono all'epoca vichinga e sono stati utilizzati come tumuli per importanti personaggi dell'epoca. Sono sempre stata interessata alla storia, quindi quando ho sentito parlare dell'opportunità di esplorare questi **tumuli**, ho colto al volo l'occasione. Non sono rimasta **delusa**. La prima cosa che mi ha colpito è stata la loro dimensione: sono enormi! E ce ne sono due, uno accanto all'altro. È facile immaginare quanto **imponenti** potessero apparire a chi viveva all'epoca dei Vichinghi. Esplorando ulteriormente, abbiamo trovato molti **manufatti** interessanti all'interno dei tumuli. Tra questi, gioielli, armi e persino alcuni resti umani. È stato incredibile pensare a chi fossero queste **persone** e a come fosse la loro vita tanti anni fa. Abbiamo anche scoperto un altro fatto **interessante** sui tumuli di Jelling: si dice che siano infestati dai fantasmi!

Pare che nel corso degli anni siano state avvistate **figure** fantasma intorno ad essi. Che sia vero o meno, di certo aggiunge un ulteriore elemento di intrigo a questi già affascinanti monumenti storici. Mentre **camminavamo** intorno ai tumuli di Jelling, non ho

jeg ikke lade være med at føle en følelse af ærefrygt. Disse enorme gravhøje er en påmindelse om, hvor anderledes livet var for folk i vikingetiden. Det er svært at forestille sig, hvordan det må have været at leve i en sådan tid, hvor døden var så almindelig. Tanken om alle de **mennesker, der** var blevet begravet her - nogle med stor ære og andre i skam - gjorde mig ret trist. Men der er også noget meget fredfyldt ved dette sted. **Måske** er det fordi det føles så langt væk fra det moderne livs travlhed. Eller måske er det fordi, at disse høje har stået her i **århundreder og været** vidne til menneskehedens **komme** og gåture gennem historien. Uanset hvad, er jeg glad for, at jeg fik chancen for at udforske dem. Jeg gik rundt ved Jelling Mounds og tog imod seværdighederne og lydene fra dette **fascinerende** historiske sted, da jeg pludselig fik en fornemmelse af, at jeg blev overvåget. Jeg vendte mig om, men der var ingen. Det må have været min fantasi.

Men så hørte jeg en lyd - en mærkelig, højlydt klagelyd. Det så ud til at komme inde fra en af højene. Mit hjerte begyndte at banke, da det **gik op for** mig, at jeg måske ikke var alene her alligevel. Da den uhyggelige klagelyde gav genlyd omkring mig, mærkede jeg en kold kulde løbe ned ad ryggen på mig. Der var **helt sikkert** noget mærkeligt, der foregik her. Og så så jeg det - en skikkelse, der kom frem fra en af højene! Først troede jeg, at det måske var en af de arkæologer, der arbejdede på stedet.

potuto fare a meno di provare un senso di stupore. Questi enormi tumuli ricordano quanto fosse diversa la vita delle persone all'epoca dei Vichinghi. È difficile immaginare come doveva essere vivere in un'epoca in cui la morte era così comune. Il pensiero di tutte le **persone che sono** state sepolte qui - alcune con grande onore e altre con vergogna - mi ha fatto sentire piuttosto triste. Ma c'è anche qualcosa di molto tranquillo in questo luogo. **Forse** perché ci si sente così lontani dal trambusto della vita moderna. O forse perché questi tumuli si trovano qui da **secoli**, testimoni dell'**andirivieni** dell'umanità nel corso della storia. In ogni caso, sono felice di aver avuto la possibilità di esplorarli. Stavo camminando intorno ai Jelling Mounds, ammirando i panorami e i suoni di questo **affascinante** sito storico, quando improvvisamente ho avuto la sensazione di essere osservata. Mi sono girata, ma non c'era nessuno. Doveva essere la mia immaginazione.

Ma poi ho sentito un rumore, uno strano lamento acuto. Sembrava provenire dall'interno di uno dei tumuli. Il mio cuore cominciò a battere forte quando **capii** che forse non ero sola qui, dopo tutto. Mentre l'inquietante lamento riecheggiava intorno a me, sentii un brivido freddo lungo la schiena. C'era **sicuramente** qualcosa di strano qui. E poi la vidi: una figura che emergeva da uno dei tumuli! All'inizio pensai che potesse essere uno degli archeologi che stavano lavorando al sito.

Forståelse spørgsmål

1. Hvad er Jellinghøjene?

2. Hvornår blev Jellinghøjene brugt?

3. Hvad fandt forfatteren i Jellinghøjene?

4. Hvad er en interessant kendsgerning om Jellinghøjene?

5. Hvordan følte forfatteren sig, da han gik rundt om Jelling Mounds?

6. Hvilken støj hørte forfatteren, mens han var ved Jelling Mounds?

7. Hvordan så den figur ud, der kom ud af højen?

8. Var figuren et spøgelse?

9. Hvad gjorde spøgelset?

10. Hvad var forfatterens reaktion på spøgelset?

Domande di comprensione

1. Cosa sono i tumuli di Jelling?

2. Quando sono stati utilizzati i tumuli di Jelling?

3. Cosa ha trovato l'autore all'interno dei tumuli di Jelling?

4. Qual è un fatto interessante sui tumuli di Jelling?

5. Come si è sentito l'autore mentre camminava intorno ai tumuli di Jelling?

6. Quale rumore ha sentito l'autore mentre si trovava ai Jelling Mounds?

7. Che aspetto aveva la figura che usciva dal tumulo?

8. La figura era un fantasma?

9. Che cosa ha fatto il fantasma?

10. Qual è stata la reazione dell'autore al fantasma?

Danmarks vikingehistorie

Det første, du skal vide om Danmarks vikingehistorie, er, at danskerne var nogle af de mest frygtede **krigere** i deres tid. De var kendt for deres **brutalitet** og vildskab i kamp, og de plyndrede ofte andre lande for at plyndre deres ressourcer. Vikingerne var dog også dygtige landmænd, handlende og håndværkere, og de brugte deres færdigheder til at opbygge et velstående samfund. Et af de mest berømte aspekter af vikingekulturen er deres skibsbygningsteknologi. Vikingerne var i stand til at skabe utroligt robuste skibe, der kunne sejle over lange afstande og **modstå** barske forhold. Det gjorde det muligt for dem at rejse over hele Europa og endda nå frem til **Nordamerika**. Faktisk var en af de mest berømte vikingeforskere Leif Erikson, som sejlede fra Grønland hele vejen til Newfoundland i Canada!

En anden vigtig del af vikingernes kultur var deres religion. Vikingerne troede på mange guder og gudinder, bl.a. Odin (krigsguden), Thor (tordenguden), Freyja (kærlighedsgudinden) og Freyr (frugtbarhedsguden). De **tilbad** disse guder ved at bygge templer kaldet “hofs”, hvor de ofrede dyr eller

La storia vichinga della Danimarca

La prima cosa da sapere sulla storia vichinga della Danimarca è che i danesi erano tra i più temuti **guerrieri** del loro tempo. Erano noti per la loro **brutalità** e ferocia in battaglia e spesso compivano razzie in altri Paesi per saccheggiarne le risorse. Tuttavia, i Vichinghi erano anche abili agricoltori, commercianti e artigiani e usavano le loro abilità per costruire una società prospera. Uno degli aspetti più famosi della cultura vichinga è la tecnologia di **costruzione delle navi**. I Vichinghi erano in grado di creare navi incredibilmente robuste, capaci di navigare per lunghe distanze e di **resistere a** condizioni difficili. Questo permise loro di viaggiare in tutta Europa e persino di raggiungere il Nord **America**. Infatti, uno dei più famosi esploratori vichinghi fu Leif Erikson, che navigò dalla Groenlandia fino a Terranova, in Canada!

Un'altra parte importante della cultura vichinga era la loro religione. I Vichinghi credevano in molti dei e dee, tra cui Odino (il dio della guerra), Thor (il dio del tuono), Freyja (la dea dell'amore) e Freyr (il dio della fertilità). **Veneravano** queste divinità costruendo templi chiamati "hof" dove offrivano sacrifici, come animali o

endda mennesker. Vikingernes samfund var **opdelt** i tre klasser: adelige, frie mænd og slaver. Adelsmænd var rige godsejere, som havde magt over både frie mænd og slaver. Frimænd var fattige bønder eller håndværkere, der ejede lidt jord, men havde mere frihed end slaverne. Slaver var tilfangetagne fjender eller forbrydere, som ikke havde **nogen som helst** rettigheder; de kunne til enhver tid købes eller sælges af enhver med penge nok. Det første, du skal vide om Danmarks vikingehistorie, er, at danskerne var nogle af de mest frygtede krigere i deres tid. De var kendt for deres **brutalitet** og vildskab i kamp, og de plyndrede ofte andre **lande for at** plyndre deres ressourcer. Vikingerne var dog også dygtige landmænd, handlende og håndværkere, og de brugte deres færdigheder til at opbygge et **velstående** samfund.

Et af de mest berømte **aspekter** af vikingekulturen er deres skibsbygningsteknologi. Vikingerne var i stand til at skabe utroligt robuste skibe, der kunne sejle over lange afstande og **modstå** barske forhold. Det gjorde det muligt for dem at rejse over hele Europa og endda nå frem til Nordamerika. Faktisk var en af de mest berømte vikingeforskere Leif Erikson, som sejlede fra Grønland hele vejen til Newfoundland i Canada! En anden vigtig del af vikingekulturen var deres religion. **Vikingerne** troede på mange guder og **gudinder**.

addirittura esseri umani. La società vichinga era **divisa** in tre classi: nobili, liberi e schiavi. I nobili erano ricchi proprietari terrieri che avevano potere sia sui liberi che sugli schiavi. I liberi erano contadini o artigiani poveri che possedevano poca terra ma avevano più libertà degli schiavi. Gli schiavi erano nemici o criminali catturati che non avevano alcun diritto; potevano essere comprati o venduti in qualsiasi momento da chiunque avesse abbastanza denaro. La prima cosa da sapere sulla storia vichinga della Danimarca è che i danesi erano tra i più temuti guerrieri del loro tempo. Erano noti per la loro **brutalità** e ferocia in battaglia e spesso compivano razzie in altri **Paesi per** saccheggiarne le risorse. Tuttavia, i Vichinghi erano anche abili agricoltori, commercianti e artigiani e usarono le loro abilità per costruire una società **prospera**.

Uno degli **aspetti** più famosi della cultura vichinga è la tecnologia di **costruzione delle navi**. I Vichinghi erano in grado di creare navi incredibilmente robuste, capaci di navigare per lunghe distanze e di **resistere a** condizioni difficili. Questo permise loro di viaggiare in tutta Europa e persino di raggiungere il Nord America. Infatti, uno dei più famosi esploratori vichinghi fu Leif Erikson, che navigò dalla Groenlandia fino a Terranova, in Canada! Un'altra parte importante della cultura vichinga era la loro religione. I **Vichinghi** credevano in molti dei e **dee**.

Forståelse spørgsmål

1. Hvad var danskerne kendt for i vikingetiden?

2. Hvordan byggede vikingerne deres skibe?

3. Hvorfor var vikingerne i stand til at rejse så langt?

4. Hvem var den mest berømte vikingeudforsker?

5. Hvad var vikingernes tro?

6. Hvilke tre klasser fandtes der i vikingesamfundet?

7. Hvad havde adelsmændene magt over?

8. Hvad ejede de frie mænd?

9. Hvad var slavernes skæbne?

10. Hvad ofrede vikingerne som offer?

Domande di comprensione

1. Per cosa erano noti i danesi durante l'epoca vichinga?

2. Come costruivano le loro navi i Vichinghi?

3. Perché i Vichinghi erano in grado di viaggiare così lontano?

4. Chi fu il più famoso esploratore vichingo?

5. Quali erano le credenze dei Vichinghi?

6. Quali erano le tre classi della società vichinga?

7. Su cosa avevano potere i nobili?

8. Cosa possedevano i liberi?

9. Qual era il destino degli schiavi?

10. Cosa offrivano in sacrificio i Vichinghi?

Vandreture gennem Møns Klint

Solen var ved at gå ned, da jeg begyndte min vandring op ad Møns Klint. Jeg havde **planlagt** dette i ugevis, og endelig var dagen kommet. Luften var frisk, og himlen var klar; det var perfekt vandrevejr. Mens jeg gik, tog jeg den **fantastiske** udsigt over klipperne og havet nedenunder i øjesyn. Det føltes godt at være ude i naturen, væk fra hverdagens travlhed og travlhed. Jeg nåede toppen af Møns Klint, lige da solen var ved at forsvinde bag horisonten. Udsigten heroppefra var endnu mere **betagende,** end jeg havde forestillet mig. Jeg kunne se milevidt i alle **retninger,** og det føltes som om jeg var på toppen af verden. Efter at have beundret udsigten i et stykke tid begyndte jeg vandringen nedad igen. **Nedturen** var meget lettere end opturen, og jeg nåede bunden på ingen tid. Jeg var træt, men glad, da jeg gik tilbage til min bil; det havde været en perfekt dag.

Næste dag vågnede jeg tidligt og besluttede mig for at vandre op ad Møns Klint igen. Denne gang ville jeg udforske området lidt mere og se, om der var andre stier, som jeg kunne tage. Efter at have **konsulteret**

Escursione attraverso Møns Klint

Il sole stava tramontando quando ho iniziato la mia escursione sul Møns Klint. Erano settimane che **progettavo** di farlo e finalmente il giorno era arrivato. L'aria era frizzante e il cielo era limpido; era il tempo perfetto per le escursioni. Mentre camminavo, ho ammirato la **splendida** vista delle scogliere e del mare sottostante. Era bello stare nella natura, lontano dalla frenesia della vita quotidiana. Ho raggiunto la cima di Møns Klint proprio mentre il sole stava scomparendo dietro l'orizzonte. La vista da quassù era ancora più **mozzafiato** di quanto avessi immaginato. Potevo vedere per chilometri in ogni **direzione** e mi sembrava di essere in cima al mondo. Dopo aver ammirato il panorama per un po', ho iniziato la discesa. La **discesa** è stata molto più facile della salita e ho raggiunto il fondo in un attimo. Ero stanca ma felice mentre tornavo alla macchina: era stata una giornata perfetta.

Il giorno dopo, mi sono svegliato presto e ho deciso di risalire il Møns Klint. Questa volta, volevo esplorare un po' di più la zona e vedere se c'erano altri sentieri da percorrere. Dopo aver **consultato** una mappa, mi

et kort begav jeg mig ud på en ny sti, der førte mig gennem noget **skov**. Der var uhyggeligt stille i skoven, og jeg begyndte at føle mig lidt urolig. Pludselig hørte jeg noget raslende i buskadset foran mig. Mit hjerte **slog hurtigere**, og jeg nærmede mig langsomt busken ... og fandt en lille kanin, der hoppede rundt! Jeg var lettet og grinede af mig selv, fordi jeg var så nervøs. Resten af **vandreturen** var **begivenhedsløs,** men der havde været nok spænding for én dag! Jeg var nu på min tredje vandredag, og jeg var blevet forelsket i området. Jeg havde aldrig før følt mig så forbundet med naturen, og jeg var ked af at tænke på, at min tid her var ved **at være** forbi. Jeg besluttede mig for at få mest muligt ud af min sidste dag ved at udforske en ny sti, der førte op i bakkerne.

Det var svært i starten, men jeg nåede hurtigt nok op på toppen. Heroppefra kunne jeg se milevidt i alle retninger; det var virkelig en betagende udsigt. Efter at have nydt landskabet i et stykke tid begyndte jeg at vandre nedad igen. Da jeg gik gennem skoven, fangede **noget** mit blik: en lille sti, der førte ud i det **fjerne**. Jeg var nysgerrig og fulgte den, indtil den endte i en lille **lysning ...** og der foran mig var der et **utroligt** syn: et vandfald! Det var ikke på noget kort, og jeg vidste, at der ikke var mange, der kendte til det.

sono incamminato su un nuovo sentiero che mi ha condotto attraverso un **bosco**. Il bosco era stranamente silenzioso e cominciai a sentirmi un po' a disagio. All'improvviso, sentii qualcosa frusciare tra i cespugli davanti a me. Con il cuore che mi **batteva forte**, mi avvicinai lentamente al cespuglio... solo per trovare un piccolo coniglio che saltellava! Sollevata, ho riso di me stessa per essere stata così nervosa. Il resto dell'**escursione** fu **tranquillo**, ma le emozioni erano state sufficienti per un giorno! Ero ormai al terzo giorno di escursioni e mi ero innamorata della zona. Non mi ero mai sentita così legata alla natura prima d'ora e mi dispiaceva pensare che il mio tempo qui stesse **per finire**. Decisi di sfruttare al meglio il mio ultimo giorno esplorando un nuovo sentiero che portava su per le colline.

All'inizio la strada è stata dura, ma ben presto ho raggiunto la cima. Da quassù potevo vedere per chilometri in ogni direzione; era davvero una vista mozzafiato. Dopo aver ammirato il paesaggio per un po', ho iniziato la discesa. Mentre mi facevo strada nel bosco, **qualcosa** ha attirato la mia attenzione: un piccolo sentiero che si allontanava in **lontananza**. Incuriosita, l'ho seguito finché non è arrivato a una piccola **radura...** e lì davanti a me c'era uno spettacolo **incredibile**: una cascata! Non era su nessuna mappa e sapevo che non molte persone la conoscevano.

Forståelse spørgsmål

1. Hvor tager forfatteren på vandretur?

2. Hvad synes forfatteren om udsigten fra toppen af Møns Klint?

3. Hvad gør forfatteren på den anden dag af vandreturen?

4. Hvad finder forfatteren på den tredje dag af vandreturen?

5. Hvad tænker forfatteren om Møns Klint, da de forlader Møns Klint?

6. Hvor ligger Møns Klint?

7. Hvilken slags dyr skræmmer forfatteren på den anden dag af vandreturen?

8. Hvor mange dage vandrer forfatteren i alt?

9. Hvad tænker forfatteren om naturen, før han besøger Møns Klint?

10. Hvad gør forfatteren på den første dag på vandreturen?

Domande di comprensione

1. Dove va l'autore a fare escursioni?

2. Cosa pensa l'autore della vista dalla cima del Møns Klint?

3. Cosa fa l'autore il secondo giorno di escursione?

4. Al terzo giorno di escursione, cosa trova l'autore?

5. Cosa pensa l'autore di Møns Klint quando se ne va?

6. Dove si trova Møns Klint?

7. Che tipo di animale spaventa l'autore nel secondo giorno di escursione?

8. Per quanti giorni in totale l'autore cammina?

9. Cosa pensa l'autore della natura prima di visitare Møns Klint?

10. Cosa fa l'autore il primo giorno di escursione?

Besøg i Nyhavn

Første gang jeg besøgte Nyhavn, var det kærlighed ved første blik. De farverige bygninger, de charmerende brostensbelagte gader, jeg vidste, at jeg måtte komme tilbage. Og det gjorde jeg så, igen og igen. Hvert besøg var som et lille stykke af **himlen**. Men så en dag **ændrede** noget **sig**. Nyhavn var ikke længere det samme som før. Farverne var dæmpede, gaderne var tomme ... Det føltes som en spøgelsesby. Jeg vidste ikke, hvad der var sket, men uanset hvad det var, **savnede** jeg det gamle Nyhavn inderligt. En dag, efter flere års fravær, besluttede jeg mig for at tage tilbage og se, om noget havde ændret sig. Til min **lettelse** (og glæde) var Nyhavn lige så **smuk som** altid! Farverne var endnu en gang klare, og gaderne var fulde af liv - det var som at træde ind i en drøm. " Jeg er ikke sikker på, hvad der fik mig til at komme tilbage til Nyhavn efter alle disse år.

Måske var det minderne om alle de gode stunder, jeg havde haft der, eller måske savnede jeg bare stedet. **Uanset hvad** årsagen var, er jeg glad for, at jeg gjorde det. At gå ned ad de brostensbelagte gader igen, at se de farverige bygninger ... det var som at komme hjem. Og selv om Nyhavn har ændret sig gennem årene, er det stadig mit yndlingssted i verden. " Jeg vågnede

Visita di Nyhavn

La prima volta che ho visitato Nyhavn è stato amore a prima vista. Gli edifici colorati, le affascinanti strade di ciottoli, sapevo che dovevo tornare. E così ho fatto, ancora e ancora. Ogni visita era come un piccolo angolo di **paradiso**. Ma un giorno qualcosa è **cambiato**. Nyhavn non era più come prima. I colori erano smorzati, le strade erano vuote... Sembrava una città fantasma. Non sapevo cosa fosse successo, ma qualunque cosa fosse, mi **mancava** molto il vecchio Nyhavn. Un giorno, dopo anni di assenza, decisi di tornare a vedere se era cambiato qualcosa. Con mio **grande sollievo** (e gioia), Nyhavn era **bella come** sempre! I colori erano di nuovo brillanti e le strade erano piene di vita: era come entrare in un sogno. "Non so cosa mi abbia spinto a tornare a Nyhavn dopo tutti questi anni.

Forse è stato il ricordo di tutti i bei momenti trascorsi lì, o forse mi mancava quel posto. **Qualunque sia** la ragione, sono felice di averlo fatto. Camminare di nuovo per quelle strade acciottolate, ammirare gli edifici colorati... è stato come tornare a casa. E anche se Nyhavn è cambiata nel corso degli anni, è ancora il mio posto preferito al mondo. "Mi svegliai al suono del grido dei gabbiani e delle onde **che si infrangevano**

til lyden af måger der skreg og bølger der **slog** mod kajerne. Solen **tittede** lige over horisonten og kastede et lyserødt og orange skær over himlen. Jeg gabte og strakte mig og følte mig **helt** rolig. Det var dage som disse, der gjorde mig glad for, at jeg havde valgt at bo i Nyhavn. Der var noget ved dette sted, der bare føltes rigtigt. Jeg stod op af sengen og gik over til vinduet og tog udsigten over Nyhavns havn i mig med et smil på læben. Alt så så fredeligt ud. så perfekt. " **Pludselig** hørte jeg råb udefra, **efterfulgt af** et højt brag. Mit hjerte **sprang** et slag **over,** mens jeg løb hen til vinduet og frygtede, hvad jeg kunne se. Men da jeg kiggede ned, så jeg kun en gruppe mennesker, der **grinede** og jublede - de var i gang med en slags leg med en af bådene, der lå i havnen. "

Jeg sukkede lettet op og grinede af mig selv, fordi jeg var så nervøs. Det er bare en af de ting, man vænner sig til at bo her," En dag, mens du **slentrer** ned ad en af Nyhavns brostensbelagte gader og beundrer de farverige bygninger, falder du over en lille dør **gemt** væk mellem to butikker. "Du er **fascineret** af dens skjulte beliggenhed og mangel på skiltning og beslutter dig for at træde ind." Du befinder dig i et veloplyst rum, der ser ud som om det kunne være en del af et smukt hjem. Væggene er foret med **bogreoler** fra gulv til loft, og en **behageligt udseende** lænestol er **placeret** foran et stort vindue med udsigt over havnen.

sul molo. Il sole faceva appena **capolino all'**orizzonte, proiettando un bagliore rosa e arancione nel cielo. Sbadigliai e mi stiracchiai, sentendomi **completamente** in pace. Erano giorni come questo che mi rendevano felice di aver scelto di vivere a Nyhavn. C'era qualcosa in questo posto che mi faceva sentire a mio agio. Mi alzai dal letto e mi avvicinai alla finestra, ammirando la vista del porto di Nyhavn con un sorriso sulle labbra. Tutto sembrava così tranquillo, così perfetto. "**All'improvviso** sentii delle grida provenire dall'esterno, **seguite** da un forte schianto. Il mio cuore ebbe un **sussulto** mentre correvo verso la finestra, temendo quello che avrei potuto vedere. Ma quando guardai giù, vidi solo un gruppo di persone **che ridevano** e si rallegravano: stavano facendo una specie di gioco con una delle barche ormeggiate nel porto. "

Tirai un sospiro di sollievo e risi di me stesso per essere così nervoso. È solo una delle cose a cui ci si abitua vivendo qui". Un giorno, mentre si **passeggia** per una delle strade acciottolate di Nyhavn ammirando gli edifici colorati, ci si imbatte in una piccola porta **nascosta** tra due negozi. "**Incuriositi** dalla sua posizione nascosta e dalla mancanza di indicazioni, decidete di entrare". Ci si trova in una stanza ben illuminata che sembra far parte di una bella casa. Le pareti sono tappezzate di **librerie** dal pavimento al soffitto e una poltrona **dall'aspetto confortevole** è **posizionata** davanti a una grande finestra che si affaccia sul porto.

Forståelse spørgsmål

1. Hvad siger forfatteren om Nyhavn første gang de besøgte den?

2. Hvordan har forfatteren det med Nyhavn, da de efter nogen tid besøger dem igen?

3. Hvorfor mener forfatteren, at Nyhavn har ændret sig?

4. Hvordan har forfatteren det, da han ser, at Nyhavn er den samme som før?

5. Hvad siger forfatteren om at bo i Nyhavn?

6. Hvad gør forfatteren, da de hører råb og et brag udenfor?

7. Hvad siger forfatteren om den lille dør, som de finder?

8. Hvordan føler forfatteren sig efter at have tilbragt noget tid i det skjulte rum?

9. Hvad mener forfatteren om den person, der tilbringer tid i rummet?

På stranden

Efter solopgang er bølgerne højere, og sandet over tidevandet er hvidt. Jeg går ned til stranden og **beundrer** havet og solen. Mine tæer mærker muslingernes riller. Sandet er koldt på mine tæer. Jeg smiler og går videre. Tidevandet er højt, så jeg skal passe på ikke at blive trukket ind i vandet. Jeg går langs vandkanten og beundrer havet. Solopgangen er **smuk, og** bølgerne brydes. Jeg føler mig så fredfyldt. Jeg kommer til et sted, hvor der er en klippeudspring. Jeg sætter mig ned og ser på bølgerne. Vandet er så blåt, og himlen er så **orange**. Jeg føler mig som om jeg er i en drøm. Jeg lukker øjnene og lytter bare til bølgerne. Jeg sad der længe, indtil jeg hørte nogen kalde mit navn.

Jeg åbner øjnene og ser min mor gå hen imod mig. Hun har et bekymret udtryk i ansigtet. Jeg smiler og vinker, og hun **slapper af**. "Jeg undrede mig over, hvor du gik hen," siger hun. "Jeg er glad for, at du nyder stranden." Jeg svarer: "Det gør jeg." "Det er så smukt her." "Det ved jeg godt," siger hun. "Jeg plejede at komme her hele tiden, da jeg var på din alder." "Virkelig?" Jeg spørger. "Ja," svarer hun. "Det er et specielt sted." "Har du nogensinde mødt nogen speciel her?" Jeg spørger. "Ja, det har jeg," svarer hun med et smil. "Din far."

In spiaggia

Dopo l'alba, le onde sono più forti e la sabbia sopra la marea è bianca. Cammino verso la spiaggia, **ammirando** il mare e il sole. Le mie dita dei piedi sentono i solchi delle conchiglie. La sabbia è fredda sulle dita dei piedi. Sorrido e continuo a camminare. La marea è alta, quindi devo fare attenzione a non farmi trascinare. Cammino lungo la riva, ammirando il mare. L'alba è **bellissima** e le onde si infrangono. Mi sento così in pace. Arrivo a un punto in cui c'è una roccia affiorante. Mi siedo e guardo le onde. L'acqua è così blu e il cielo è così **arancione**. Mi sembra di essere in un sogno. Chiudo gli occhi e ascolto le onde. Rimasi seduto lì per molto tempo, finché non sentii qualcuno che chiamava il mio nome.

Apro gli occhi e vedo mia madre che viene verso di me. Ha un'espressione preoccupata. Le sorrido e la saluto, e lei **si rilassa**. "Mi chiedevo dove fossi andata", dice. "Sono contenta che ti stia godendo la spiaggia". Io rispondo: "Lo sto facendo". "È così bello qui". "Lo so", dice. "Venivo sempre qui quando avevo la tua età". "Davvero?" Chiedo. "Sì", risponde. "È un posto speciale". "Hai mai incontrato qualcuno di speciale qui?". Le chiedo. "Sì", risponde sorridendo. "Tuo padre". "Davvero?" Dico, **sorpreso**. "Sì", dice

“Virkelig?” Jeg siger **overrasket**. “Ja,” siger hun. “Vi plejede at komme her hele tiden sammen. Det var her, vi blev forelskede. “ Jeg smiler og **forestiller mig, at** mine forældre forelskede sig på denne smukke strand. “Det er et særligt sted,” gentager hun. “Jeg er glad for, at du kom her i dag.”

Vi sidder der et stykke tid endnu og **ser på** bølgerne og solnedgangen. Så rejser vi os og går tilbage til vores strandhåndklæder. Jeg lægger mig ned og kigger på stjernerne. Jeg føler mig så glad og tilfreds. Bølgerne er højere nu, og sandet er koldt. Solen er ved at gå ned, og der blæser en kølig brise. Bølgerne slår mod kysten, og der er en duft af salt i luften. Det er en perfekt aften at være på stranden. Jeg går langs kysten, **lytter** til lyden af bølgerne og ser solnedgangen. Jeg ser en gruppe mennesker sidde på sandet og grine og lave sjov. De ser ud til at have det sjovt. Jeg går hen til dem og spørger, om jeg må slutte mig til dem. De siger ja, og vi tilbringer resten af aftenen med at tale, grine og se **solnedgangen**. Det er en perfekt aften. Gruppen og jeg taler sammen, indtil solen går ned. Vi deler historier og vittigheder, og vi har det alle rigtig sjovt. Da natten begynder at falde på, begynder vi alle at føle os trætte. Vi kysser hinanden **farvel** og går fra hinanden. Jeg går tilbage til mit hotel og føler mig glad og tilfreds. Jeg kan slet ikke tro, hvor dejligt det er her. Jeg er så heldig at have **oplevet** det.

lei. “Venivamo sempre qui insieme. È qui che ci siamo innamorati. “Sorrido, **immaginando i** miei genitori che si innamorano su questa bellissima spiaggia. “È un posto speciale”, ripete. “Sono felice che siate venuti qui oggi”.

Rimaniamo seduti ancora per un po’ a **guardare** le onde e il tramonto. Poi ci alziamo e torniamo ai nostri teli da mare. Mi sdraio e guardo le stelle. Mi sento così felice e soddisfatta. Le onde ora sono più forti e la sabbia è fredda. Il sole sta tramontando e soffia una brezza fresca. Le onde si infrangono sulla riva e nell’aria si sente l’odore del sale. È una serata perfetta per stare in spiaggia. Cammino lungo la riva, **ascoltando** il suono delle onde e guardando il tramonto. Vedo un gruppo di persone sedute sulla sabbia che ridono e scherzano. Sembra che si stiano divertendo molto. Mi avvicino a loro e chiedo se posso unirmi a loro. Mi rispondono di sì e passiamo il resto della serata a parlare, ridere e guardare il **tramonto**. È una serata perfetta. Io e il gruppo parliamo fino al tramonto. Condividiamo storie e battute e ci divertiamo molto. Quando la notte inizia a calare, cominciamo tutti a sentirci stanchi. Ci **salutiamo** con un bacio e ci separiamo. Torno al mio hotel, felice e soddisfatta. Non riesco a credere a quanto sia bello qui. Sono così fortunata ad averlo **vissuto**.

Forståelse spørgsmål

1. Hvor går fortælleren hen, efter at hun er vågnet op?

2. Hvad er det, som fortælleren beundrer, mens hun går langs stranden?

3. Hvad skal fortælleren være opmærksom på, når hun går langs stranden?

4. Hvor sætter fortælleren sig ned for at nyde udsigten?

5. Hvor længe sidder fortælleren der?

6. Hvem ser fortælleren, da hun åbner øjnene igen?

7. Hvad siger fortæller fortællerens mor?

8. Hvad taler fortælleren og de mennesker, hun møder, om?

Domande di comprensione

1. Dove va la narratrice dopo essersi svegliata?

2. Che cosa ammira la narratrice mentre cammina lungo la spiaggia?

3. A che cosa deve fare attenzione la narratrice mentre cammina lungo la spiaggia?

4. Dove si siede il narratore per godersi il panorama?

5. Per quanto tempo il narratore rimane seduto lì?

6. Chi vede la narratrice quando riapre gli occhi?

7. Cosa dice la madre del narratore?

8. Di che cosa parlano il narratore e le persone che incontra?

Camping ved søen

Jeg går hen mod søen og **beundrer den** fredfyldte scene. Solen skinner ned på den lille sø og får vandet til at ligne en glasplade. Den eneste bevægelse er den lejlighedsvise krusning fra en fisk, der **bryder** overfladen. Selv fuglene synes at tage en pause fra varmen, og kun lyden af cikader fylder luften. **Pludselig** bliver freden brudt af et højt plask. En stor **fisk** er hoppet op af vandet og forsøger at fange en guldsmed. Fisken rammer forbi sit mål og falder tilbage i vandet med et plask. "Wow," tænker jeg ved mig selv, "det var en stor fisk!". Jeg kiggede mig omkring for at se, om der var andre, der havde set den, men der var ingen i nærheden. Jeg må vel fortælle dem det, når jeg kommer tilbage til lejren.

Varmen er **trykkende** og gør det svært at trække vejret. Luften er tyk og tung, som et tæppe, der er svøbt om dig. Den eneste lindring er i vandet. Det er køligt og forfriskende, som en kold drik på en varm dag. Jeg tager en dyb indånding og dykker ned i vandet. Jeg bliver straks lettet, da det kølige vand omgiver mig. Jeg svømmer ned til bunden og så op til overfladen igen og føler vandet køle min krop ned. Jeg fortsætter med at **svømme** omgange og nyder det behagelige pusterum fra varmen. Efter et stykke tid kommer jeg op af vandet

Campeggio al lago

Cammino verso il lago, **ammirando** la tranquillità della scena. Il sole batte sul piccolo lago, facendo sembrare l'acqua una lastra di vetro. L'unico movimento è l'increspatura occasionale di un pesce **che rompe** la superficie. Anche gli uccelli sembrano prendersi una pausa dal caldo, con il solo suono delle cicale che riempie l'aria. **All'improvviso**, la pace è rotta da un forte tonfo. Un grosso **pesce** è saltato fuori dall'acqua, cercando di catturare una libellula. Il pesce manca il bersaglio e ricade in acqua con un tonfo. "Wow", penso tra me e me, "quello era un pesce grosso!". Mi guardai intorno per vedere se qualcun altro l'avesse visto, ma non c'era nessuno. Immagino che dovrò raccontarlo quando tornerò al campo.

Il caldo è **opprimente** e rende difficile respirare. L'aria è densa e pesante, come una coperta che ti avvolge. L'unico sollievo è l'acqua. È fresca e rinfrescante, come una bibita fresca in una giornata calda. Faccio un respiro profondo e mi immergo nell'acqua. Il sollievo è immediato quando l'acqua fresca mi circonda. Nuoto fino al fondo e poi risalgo in superficie, sentendo l'acqua rinfrescare il mio corpo. Continuo a **nuotare** a vasche, godendomi la tregua dal caldo. Dopo un po' esco dall'acqua e mi sdraio sull'erba, lasciando

og lægger mig ned på græsset, så solen kan tørre min krop. Jeg lukker øjnene og falder i søvn, mens lyden af **cikaderne** luller mig ind i en dyb dvale. Jeg lader solen bage vandet ud af min hud. Jeg kan mærke, at min hud bliver rød, men jeg er ligeglad. Det næste jeg ved er, at solen er ved at gå ned. Himlen er smukt orange med striber af pink og lilla. Varmen er væk og erstattet af en kølig **brise**.

Jeg rejser mig op og tager mit tøj på igen og føler mig frisk og forynget. Jeg tager en dyb **indånding** af den kølige luft og smiler. Det føles godt at være i live. Jeg går tilbage til campingpladsen og beundrer den måde, farverne danser på himlen. Jeg kan se lejrbålet brænde i det fjerne, og jeg kan lugte røgen i luften. Jeg smiler og **sætter** farten **op.** Jeg er klar til at slappe af og nyde resten af min aften. Jeg går ind på lejrpladsen og ser, at alle er samlet omkring bålet. De **griner** og laver sjov, og jeg kan se ilden reflektere i deres øjne. Jeg smiler og sætter mig ned ved siden af mine venner. Det er godt at være tilbage. Næste morgen vågner jeg tidligt og begynder at pakke mine ting sammen. Jeg er ivrig efter at komme tilbage på stien og fortsætte min rejse. Jeg siger farvel til mine venner og begynder at gå væk. Mens jeg går, kigger jeg en sidste gang på **lejrpladsen**. Jeg kan se, at bålet stadig brænder i det fjerne, og jeg kan lugte røgen i luften. Jeg smiler og sætter farten op. Jeg er klar til at fortsætte min **rejse**.

che il sole asciughi il mio corpo. Chiudo gli occhi e mi addormento, mentre il suono delle **cicale** mi culla in un sonno profondo. Lascio che il sole scrosti l'acqua dalla mia pelle. Sento la pelle arrossarsi, ma non mi importa. Sono troppo accaldato per preoccuparmene. Il cielo è di un bellissimo arancione, con striature di rosa e viola. Il caldo è scomparso, sostituito da una fresca **brezza**.

Mi alzo e mi rivesto, sentendomi rinfrescata e ringiovanita. **Respiro** profondamente l'aria fresca e sorrido. È bello essere vivi. Torno al campeggio, ammirando il modo in cui i colori danzano nel cielo. Vedo il fuoco che arde in lontananza e sento l'odore del fumo nell'aria. Sorrido e **accelero il** passo. Sono pronto a rilassarmi e a godermi il resto della serata. Entro nel campeggio e vedo che tutti sono riuniti intorno al fuoco. **Ridono** e scherzano e posso vedere il fuoco riflesso nei loro occhi. Sorrido e mi siedo accanto ai miei amici. È bello essere tornati. La mattina dopo mi sveglio presto e comincio a raccogliere le mie cose. Sono impaziente di riprendere il cammino e continuare il mio viaggio. Saluto i miei amici e mi incammino. Mentre cammino, do un'ultima occhiata al **campeggio**. Vedo il fuoco ancora acceso in lontananza e sento l'odore del fumo nell'aria. Sorrido e accelero il passo. Sono pronto a continuare il mio **viaggio**.

Forståelse spørgsmål

1. Hvor skal den gående hen?

2. Hvilken slags vejr er det?

3. Hvordan ser vandet ud?

4. Hvordan reagerer rollatoren på varmen?

5. Hvad laver fisken?

6. Hvorfor er vandringsmanden alene?

7. Hvordan føles vandet?

8. Hvordan har den gående det efter svømning?

9. Hvad tid på dagen er det, når rollatoren vågner?

10. Hvor tager vandringsmanden hen, når han forlader lejren?

Domande di comprensione

1. Dove sta andando il camminatore?

2. Che tempo fa?

3. Che aspetto ha l'acqua?

4. Come reagisce il deambulatore al calore?

5. Cosa sta facendo il pesce?

6. Perché il camminatore è solo?

7. Come si sente l'acqua?

8. Come si sente il camminatore dopo il nuoto?

9. A che ora del giorno si sveglia il deambulatore?

10. Dove va l'ambulante quando lascia il campo?

Huset

Jeg flyttede ind i mit nye hus i sidste uge, og jeg er så **glad for det**! Det er så meget større end mit gamle, og det har en stor baghave. Jeg kan ikke vente med at have venner på besøg til grillfester og fester. Mit yndlingssted er mit nye soveværelse. Det er så stort og lyst, og jeg har masser af plads til at lægge alle mine ting. Jeg er virkelig glad for mit nye hus, og jeg tror, at jeg vil blive meget glad her. Jeg besluttede mig for at udforske huset lidt mere. Jeg gik op på anden sal og begyndte at gå hen til køkkenet, da jeg så en stor sort edderkop på væggen! Jeg skreg og løb ned ad trappen. Jeg var så **bange**! Men efter et par minutter faldt jeg til ro og besluttede mig for at gå tilbage ovenpå. Jeg gik langsomt op i køkkenet og så, at edderkoppen var væk. Jeg var så lettet! Jeg gik tilbage nedenunder og besluttede mig for at gå udenfor for at udforske **baghaven**. Den var så stor! Jeg kunne ikke tro det. Jeg så en gynge i hjørnet og en rutsjebane. Jeg så også et basketballnet og en **trampolin**. Jeg var så spændt!

Jeg kan ikke vente med at bruge alle de nye ting. **Naboerne** kom over og præsenterede sig. De virkede rigtig søde, og vi talte lidt sammen. De inviterede mig til deres grillfest næste weekend, og jeg sagde, at jeg gerne ville komme. Jeg har haft en god første uge i mit

La casa

La settimana scorsa mi sono trasferita nella mia nuova casa e sono così **entusiasta**! È molto più grande di quella vecchia e ha un grande cortile. Non vedo l'ora di invitare gli amici per grigliate e feste. La mia parte **preferita** è la mia nuova camera da letto. È così grande e luminosa e ho molto spazio per mettere tutte le mie cose. Sono molto contenta della mia nuova casa e penso che sarò molto felice qui. Ho deciso di esplorare ancora un po' la casa. Sono salita al secondo piano e ho iniziato a dirigermi verso la cucina quando ho visto un grosso ragno nero sul muro! Ho urlato e sono corsa di sotto. Ero così **spaventata**! Ma dopo qualche minuto mi sono calmata e ho deciso di tornare di sopra. Mi sono avvicinata lentamente alla cucina e ho visto che il ragno non c'era più. Ero così sollevata! Tornai al piano di sotto e decisi di uscire per esplorare il **giardino**. Era così grande! Non potevo crederci. Vidi un'altalena in un angolo e uno scivolo. Vidi anche una rete da basket e un **trampolino**. Ero così eccitato!

Non vedo l'ora di usare tutto questo nuovo materiale. I **vicini sono** venuti e si sono presentati. Sembravano molto gentili e abbiamo parlato per un po'. Mi hanno invitato al loro barbecue il prossimo fine settimana e ho detto che mi sarebbe piaciuto venire. La prima

nye hus, og jeg glæder mig til alle de nye eventyr, der venter forude. I dag vil jeg gå på opdagelse i baghaven igen og se, hvad jeg ellers kan finde. Hvem ved, måske finder jeg endda en **skat**. Jeg glæder mig til at se, hvad den næste uge bringer! Den næste uge gik jeg på opdagelse i baghaven igen, og jeg fandt en **hemmelig** have. Den var så smuk! Der var blomster overalt og en lille dam med fisk i. Jeg så også et gyngestativ, som jeg ikke havde set før. Jeg var så glad for at finde denne hemmelige have, og jeg kan ikke vente med at udforske den mere. Den var så **smuk**!

Der var blomster overalt og en lille dam med fisk i. Jeg så også et gyngestativ, som jeg ikke havde set før. Jeg var så spændt på at finde denne hemmelige have, og jeg glæder mig til at udforske den mere. Jeg var også vild med mit nye værelse. Det var så stort og lyst, og der var allerede plakater af mine yndlingsbands på væggene. Jeg behøvede ikke engang at tage mine egne **møbler** med, for der var allerede en seng, en kommode og et skrivebord her. Det her bliver det bedste år nogensinde! Jeg var lidt nervøs for at starte på en ny **skole,** men alle mine nye naboer har været så venlige. Jeg har endda mødt en pige, der bor ved siden af, og hun siger, at hun vil gå med mig i skole den første dag. Jeg elsker mit nye hus, og jeg glæder mig så meget til at starte dette nye kapitel i mit liv! I morgen bliver fantastisk!

settimana nella mia nuova casa è stata fantastica e sono entusiasta di tutte le nuove avventure che mi aspettano. Oggi andrò di nuovo a esplorare il cortile per vedere cos'altro riesco a trovare. Chissà, forse troverò anche un **tesoro**. Non vedo l'ora di vedere cosa mi porterà la prossima settimana! La settimana successiva sono andata di nuovo in esplorazione nel cortile e ho trovato un giardino **segreto**. Era così bello! C'erano fiori dappertutto e un laghetto con i pesci. Ho visto anche un'altalena che non avevo mai visto prima. Ero così entusiasta di aver trovato questo giardino segreto e non vedo l'ora di esplorarlo ancora. Era così **bello**!

C'erano fiori dappertutto e un laghetto con dei pesci. Ho anche visto un'**altalena** che non avevo mai visto prima. Ero così entusiasta di aver trovato questo giardino segreto e non vedo l'ora di esplorarlo meglio. Mi è piaciuta molto anche la mia nuova stanza. Era così grande e luminosa e sulle pareti c'erano già i poster delle mie band preferite. Non ho nemmeno dovuto portare i miei **mobili**, perché c'erano già un letto, una cassettiera e una scrivania. Questo sarà l'anno migliore di sempre! Ero un po' nervosa all'idea di iniziare una nuova **scuola**, ma tutti i miei nuovi vicini sono stati così amichevoli. Ho persino conosciuto una ragazza che abita nella casa accanto e ha detto che verrà a scuola con me il primo giorno. Adoro la mia nuova casa e sono così entusiasta di iniziare questo nuovo capitolo della mia vita! Domani sarà fantastico!

Forståelse spørgsmål

1. Hvor bor den pågældende?

2. Hvordan kan personen lide at bo i det nye hus?

3. Hvad er den pågældendes yndlingssted i det nye hus?

4. Hvad fandt personen i haven?

5. Hvem er naboerne?

6. Hvordan føltes de første dage i det nye hus?

7. Hvad er den pågældendes foretrukne del af det nye rum?

8. Hvad har personen planer om at gøre i morgen?

9. Hvad var det bedste ved personens første uge i det nye hus?

Domande di comprensione

1. Dove vive la persona?

2. Come si trova la persona nella nuova casa?

3. Qual è la parte preferita della nuova casa?

4. Che cosa ha trovato la persona nel giardino?

5. Chi sono i vicini?

6. Come sono stati i primi giorni nella nuova casa?

7. Qual è la parte preferita della nuova stanza?

8. Che cosa ha intenzione di fare domani?

9. Qual è stata la parte migliore della prima settimana nella nuova casa?

På toget

Jeg løb hen til togstationen, men jeg kom for sent. Toget var allerede kørt uden mig. Jeg følte mig så **vred** og **skuffet** over mig selv. Jeg havde planlagt at tage toget for at besøge mine bedsteforældre, som bor på landet, men nu skulle jeg vente en hel time på det næste tog. Jeg besluttede mig for at gå rundt i byen et stykke tid i stedet og forsøgte at glemme min forpassede chance. Mens jeg gik, begyndte jeg at **dagdrømme** om alle de steder, man kan komme med **tog.** Pludselig var jeg ikke længere så ked af det. Jeg går tilbage til stationen og kan ikke undgå at lægge mærke til det store røde, hvide og blå lokomotiv, der kommer kørende mod mig. Det er først da jeg ser **konduktøren** vinke til mig fra vinduet, at det går op for mig, at dette tog er til mig. Jeg stiger på toget og finder min plads og sætter mig til rette til det, der lover at blive en lang rejse.

Da vi kører ud af stationen, kan jeg ikke lade være med at tænke på, hvor dette tog vil føre mig hen. Gennem grønne **marker** og over blå floder, forbi bjerge og dale, der er ikke til at sige, hvor dette gamle tog vil køre hen. Da natten begynder at falde på, falder jeg i en **fredelig** søvn, vugget af de **rytmiske** bevægelser fra vognene på skinnerne nedenfor. Da morgenen kommer igen, åbner jeg øjnene og opdager, at vi er ankommet til en

Sul treno

Corsi alla stazione ferroviaria, ma ero troppo in ritardo. Il treno era già partito senza di me. Mi sentivo così **arrabbiata** e **delusa** con me stessa. Avevo intenzione di prendere il treno per andare a trovare i miei nonni che vivono in campagna, ma ora avrei dovuto aspettare un'ora intera per il treno successivo. Decisi invece di passeggiare un po' per la città, cercando di dimenticare l'occasione persa. Mentre camminavo, ho iniziato a **sognare a occhi aperti** tutti i luoghi in cui il **treno** può portarti. Improvvisamente, non ero più così arrabbiata. Rientro in stazione e non posso fare a meno di notare la grande locomotiva rossa, bianca e blu che si dirige verso di me. Solo quando vedo il **capotreno che** mi saluta dal finestrino capisco che quel treno è per me. Salgo sul treno e trovo il mio posto, sistemandomi per quello che si preannuncia un lungo viaggio.

Mentre usciamo dalla stazione, non posso fare a meno di chiedermi dove mi porterà questo treno. Attraverso **campi** verdi e fiumi blu, passando per montagne e valli, non si sa dove andrà questo vecchio treno. Quando inizia a calare la notte, mi addormento in un sonno **tranquillo**, cullato dal movimento **ritmico** dei vagoni sui binari sottostanti. Quando arriva il mattino, apro gli occhi e scopro che siamo arrivati in una piccola città

lille by et sted midt i ingenting. Solen titter lige frem over horisonten, mens de lokale begynder at myldre rundt på Main Street; det ligner enhver anden dag her bortset fra én ting - der er et stort skilt ved rådhuset, hvor der står "Velkommen om bord!" Det ser ud til, at denne lille by har ventet os, selv om vi bare er et almindeligt passagertog, der kører igennem på vej til et andet sted. Da vi endnu en gang lægger byen bag os og kører videre mod hvem ved hvor vi nu skal hen, smiler jeg til alle de venlige ansigter, der vinker farvel fra de små huse, der ligger i **landskabet - det** er virkelig utroligt, hvordan noget så tilsyneladende almindeligt kan bringe så meget glæde blot ved at passere. Og så er der selvfølgelig **børnene**.

Jeg læner mig ud af vinduet på mit lokomotiv. De gør mig altid så glad med deres strålende øjne og store grin. Jeg vinker energisk tilbage til dem, inden jeg vender tilbage til min **kabine** og sætter mig ned. Det har allerede været en lang dag, men den er ikke slut endnu; der er stadig et par timer til, før vi når vores endelige **destination**. Jeg tager min bog frem og begynder at læse, mens jeg lader togets rytmiske gyngen lulle mig ind i en fredfyldt tilstand. Indimellem kigger jeg op på landskabet, der passerer forbi udenfor - det bliver aldrig gammelt, uanset hvor mange gange jeg ser det. Til sidst begynder det at blive mørkt, og i det fjerne begynder der at dukke **blinkende** lys op; vi nærmer os nu.

nel bel mezzo del nulla. Il sole fa appena capolino all'orizzonte, mentre la gente del posto inizia a girare per la Main Street; sembra un giorno come un altro, tranne che per una cosa: c'è un grande cartello affisso vicino al municipio che recita "Benvenuti a bordo!". Sembra che questa piccola città ci stesse aspettando, anche se siamo solo un normale treno **passeggeri** di passaggio sulla nostra strada. Mentre ci lasciamo ancora una volta la città alle spalle, andando verso chissà dove, sorrido a tutte le facce amichevoli che ci salutano da quelle casette incastonate tra i **campi coltivati:** è davvero incredibile come qualcosa di così apparentemente ordinario possa portare tanta gioia semplicemente passando di lì. E poi, naturalmente, ci sono i **bambini**.

Mi affaccio al finestrino della mia locomotiva. Mi fanno sempre sentire così felice con i loro occhi lucidi e i loro grandi sorrisi. Li saluto energicamente prima di tornare nella mia **cabina** e sedermi. È stata già una lunga giornata, ma non è ancora finita; mancano ancora alcune ore per raggiungere la nostra **destinazione** finale. Tiro fuori il mio libro e inizio a leggere, lasciando che il dondolio ritmico del treno mi culli in uno stato di pace. Di tanto in tanto alzo lo sguardo verso il paesaggio che passa fuori: non diventa mai vecchio, anche se lo vedo tante volte. Alla fine inizia a calare la notte e le luci **scintillanti** cominciano ad apparire in lontananza; ci stiamo avvicinando.

Forståelse spørgsmål

1. Hvor skal toget hen?

2. Hvem rejser med toget?

3. Hvornår kører toget?

4. Hvordan kommer hovedpersonen på toget?

5. Hvor kommer toget fra?

6. Hvor skal toget hen næste gang?

7. Hvornår ankom passagererne?

8. Hvordan har hovedpersonen det, da han misser toget?

9. Hvordan reagerer lokomotivføreren, da han ser hovedpersonen?

10. Hvorfor kan hovedpersonen lide tog?

Domande di comprensione

1. Dove va il treno?

2. Chi viaggia sul treno?

3. Quando parte il treno?

4. Come fa il protagonista a salire sul treno?

5. Da dove viene il treno?

6. Dove è diretto il treno?

7. Quando sono arrivati i passeggeri?

8. Come si sente il protagonista quando perde il treno?

9. Come reagisce il macchinista quando vede il protagonista?

10. Perché al protagonista piacciono i treni?

Tilberedning af aftensmad

Klokken er 17.00 nu, og jeg er på vej hjem fra arbejde. Jeg **glæder mig** til at få en rolig aften derhjemme med min partner. Vi laver aftensmad sammen og slapper så bare af resten af aftenen. Det føles godt at vide, at jeg ikke har nogen planer eller forpligtelser denne **aften**. Jeg kommer hjem, og min partner er allerede i køkkenet og er begyndt at forberede vores middag. Det dufter **fantastisk** herinde! Vi snakker, mens vi laver mad, og vi får snakket om hinandens dage og deler små historier fra vores arbejdsliv. Køkkenet er mit yndlingsrum i vores lejlighed. Jeg elsker at lave mad, og jeg elsker især at lave mad sammen med min partner. Vi har det altid så sjovt herinde, hvor vi griner og laver sjov, mens vi laver mad i en storm. Desuden er maden altid **fantastisk,** når vi arbejder **sammen**.

I aften laver vi en af mine absolutte yndlingsopskrifter: **kylling** med parmesan. Min partner starter med at panere kyllingen, mens jeg får saucen til at simre på **komfuret**. Vi arbejder sammen som en velsmurt maskine, og inden længe er maden klar til servering. Vi sætter os ved vores lille køkkenbord med **tallerkener** fyldt med parmesankylling, pasta og salat. Vi klirrer med

Cucinare la cena

Sono le 17.00 e sto tornando a casa dal lavoro. Non vedo l'**ora** di passare una serata tranquilla a casa con il mio compagno. Cucineremo insieme la cena e poi ci rilasseremo per il resto della serata. È bello sapere che questa **sera non ho** programmi o obblighi. Arrivo a casa e il mio partner è già in cucina a preparare la cena. C'è un profumo **fantastico** qui dentro! Chiacchieriamo mentre cuciniamo, raccontandoci le nostre giornate e condividendo piccole storie della nostra vita lavorativa. La cucina è la mia stanza preferita del nostro appartamento. Adoro cucinare e soprattutto adoro farlo con il mio compagno. Ci divertiamo sempre molto qui dentro, ridendo e scherzando mentre cuciniamo. Inoltre, il cibo è sempre **incredibile** quando lavoriamo **insieme**.

Stasera prepariamo una delle mie ricette preferite di sempre: il **pollo** alla parmigiana. Il mio collega inizia a impanare il pollo, mentre io faccio cuocere la salsa sul **fuoco**. Lavoriamo insieme come una macchina ben oliata e in poco tempo la cena è pronta da servire. Ci sediamo al tavolo della nostra cucina con i **piatti** colmi di pollo alla parmigiana, pasta e insalata. Facciamo tintinnare i bicchieri e assaggiamo il primo

glassene og tager den første bid - og det er **himmelsk**! Kyllingen er sprød udenpå, men saftig indeni; saucen er smagfuld og perfekt; pastaen er kogt al dente ... alt smager helt perfekt i aften. Vi ved begge to, at det var en af de aftener, hvor alt bare var perfekt, mens vi **nyder** hver eneste bid af vores lækre måltid. Det smagte endnu bedre end det lugtede - og det var fandeme godt! Vi spiser forholdsvis hurtigt op, da ingen af os er særlig sultne i dag, men vi tager os god tid til at nyde et par **glas** vin mere, mens vi snakker let om dette og hint emne. Efter middagen rydder vi hurtigt op sammen og bevæger os derefter ind i stuen, hvor vi bruger lidt tid på at **hygge os i** sofaen, mens vi ser tv.

Det føles så dejligt at være tæt på hinanden efter en lang **arbejdsdag, hvor vi har været** adskilt. Jeg føler mig tilfreds. Selv om vi ikke havde en begivenhedsrig aften, var det rart bare at tilbringe lidt tid sammen uden at skulle forlade huset. Vi så en film og gik tidligt i seng og følte os **tilfredse** med vores enkle aften. Det er blevet en af vores **yndlingsting, når vi ikke har** lyst til at gå i byen - bare slappe af derhjemme og nyde hinandens selskab over et hjemmelavet måltid. Det er altid rart at vide, at vi kan komme tilbage hertil efter en lang dag og bare være os selv.

boccone... ed è **paradisiaco**! Il pollo è croccante all'esterno ma succoso all'interno; il sugo è saporito e perfetto; la pasta è cotta al dente... tutto ha un sapore assolutamente perfetto stasera. Sappiamo entrambi che questa è stata una di quelle sere in cui tutto si è unito alla perfezione, mentre **assaporiamo** fino all'ultimo boccone il nostro delizioso pasto. Il sapore era persino migliore del profumo, che era dannatamente buono! Finiamo il pasto relativamente in fretta, visto che oggi nessuno dei due ha particolarmente fame, ma ci prendiamo tutto il tempo necessario per goderci qualche altro **bicchiere di** vino chiacchierando con leggerezza di questo e quell'argomento. Dopo cena, puliamo velocemente insieme e poi ci spostiamo in salotto, dove passiamo un po' di tempo **a coccolarci** sul divano guardando la TV.

È così bello stare vicini dopo una lunga giornata di **lavoro**. Mi sento soddisfatta. Anche se non abbiamo avuto una serata movimentata, è stato bello passare un po' di tempo insieme senza dover uscire di casa. Abbiamo guardato un film e siamo andati a letto presto, sentendoci **soddisfatti** della nostra semplice serata. Questa è diventata una delle cose che **preferiamo** fare nelle sere in cui non vogliamo uscire: rilassarci a casa e goderci la reciproca compagnia con un pasto fatto in casa. È sempre bello sapere che possiamo tornare qui dopo una lunga giornata ed essere semplicemente noi stessi.

Forståelse spørgsmål

1. Hvor kommer fortælleren fra?

2. Hvad laver fortælleren efter arbejde?

3. Hvad spiser fortælleren til aftensmad?

4. Hvorfor kan fortælleren lide køkkenet?

5. Hvilken slags ret laver parret?

6. Hvordan føler fortælleren sig ved slutningen af aftenen?

7. Hvad er parrets yndlingsbeskæftigelse?

8. Hvad gør parret, når de bliver trætte?

9. Hvor sover de?

10. Hvorfor kan fortælleren lide at blive hjemme?

Domande di comprensione

1. Da dove viene il narratore?

2. Cosa fa il narratore dopo il lavoro?

3. Cosa mangia il narratore per cena?

4. Perché al narratore piace la cucina?

5. Che tipo di piatto cucina la coppia?

6. Come si sente il narratore alla fine della serata?

7. Qual è la cosa che la coppia preferisce fare?

8. Cosa fa la coppia quando è stanca?

9. Dove dormono?

10. Perché al narratore piace stare a casa?

På vej hjem

Det var en **fredelig** aften, da jeg gik hjem fra arbejde. Mens jeg gik, kunne jeg ikke lade være med at smile over minderne. Det føltes godt at være tilbage i mit gamle kvarter. Jeg vinkede til et par mennesker, jeg kendte, og de vinkede tilbage. Det var godt at være hjemme. Jeg gik forbi min gamle skole og **huskede** alle de gode stunder, jeg havde haft med mine venner. Vi gik altid hjem sammen og talte om vores dag. **Nogle gange** stoppede vi op og fik is eller gik i parken. Det var de bedste tider. Jeg savner den tid. Men nu har jeg min egen familie, og jeg er tilfreds med mit liv. Jeg er glad for, at jeg kan se tilbage på disse minder og smile. De er en del af mit liv, som jeg altid vil værdsætte. Det var den bedste tid. Jeg savner den tid. Men nu har jeg min egen familie, og jeg er tilfreds med mit liv. Jeg er glad for, at jeg kan se tilbage på disse **minder** og smile. De er en del af mit liv, som jeg altid vil værdsætte.

Jeg fortsætter med at gå og tænker på de gode stunder, jeg havde med mine venner. Jeg ved, at jeg snart vil se dem igen. Jeg går mod mit hjem og beslutter mig for at gå gennem en park i nærheden. Solen er ved at gå ned, og himlen er ved at få en **smuk** orange farve. Parken er tom, bortset fra et par fugle, der kvidrer i

Domande di comprensione

1. Cosa dice l’autore di Nyhavn la prima volta che l’hanno visitato?

2. Che cosa prova l’autore nei confronti di Nyhavn quando vi ritorna dopo qualche tempo?

3. Perché l’autore pensa che Nyhavn sia cambiato?

4. Come si sente l’autore quando vede che Nyhavn è uguale a prima?

5. Cosa dice l’autore a proposito della vita a Nyhavn?

6. Che cosa fa l’autore quando sente urlare e un rumore all’esterno?

7. Che cosa dice l’autore della piccola porta che hanno trovato?

8. Come si sente l’autore dopo aver trascorso un po’ di tempo nella stanza nascosta?

9. Cosa pensa l’autore della persona che passa il tempo nella stanza?

Camminare verso casa

Era una notte **tranquilla** mentre tornavo a casa dal lavoro. Mentre camminavo, non potevo fare a meno di sorridere ai ricordi. Era bello tornare nel mio vecchio quartiere. Salutai alcune persone che conoscevo e loro ricambiarono il saluto. Era bello essere a casa. Passai davanti alla mia vecchia scuola e **ricordai** tutti i bei momenti passati con i miei amici. Tornavamo sempre a casa insieme e parlavamo della nostra giornata. **A volte ci** fermavamo a prendere un gelato o andavamo al parco. Erano i momenti migliori. Mi mancano quei momenti. Ma ora ho la mia famiglia e sono felice della mia vita. Sono felice di poter guardare indietro a quei ricordi e sorridere. Sono una parte della mia vita che conserverò per sempre. Erano i tempi migliori. Mi mancano quei tempi. Ma ora ho la mia famiglia e sono felice della mia vita. Sono felice di poter guardare indietro a quei **ricordi** e sorridere. Sono una parte della mia vita che conserverò per sempre.

Continuo a camminare, pensando ai bei momenti passati con i miei amici. So che li rivedrò presto. Mi dirigo verso casa e decido di passeggiare in un parco lì vicino. Il sole sta tramontando e il cielo sta diventando di un **bel** colore arancione. Il parco è vuoto, a parte

træerne. Jeg tager en dyb **indånding** og smiler. Mens jeg går gennem parken, ser jeg et stjerneskud strejfe hen over himlen. Jeg ønsker mig noget på den stjerne og fortsætter min gåtur. Jeg tænker på min dag på arbejdet, og hvor **fredfyldt** den var. Jeg smiler for mig selv og tænker på, hvor heldig jeg er med at have så godt et job. Jeg går hjem og **mærker den** kølige natteluft på min hud. Jeg føler mig så levende og glad, fordi jeg bare nyder den simple handling at gå hjem på en fredelig aften.
Jeg havde det så godt, at jeg begyndte at **fløjte**. Jeg gik forbi et par mennesker på gaden, men de passede alle sammen deres egne sager.

Jeg drejede om hjørnet ind på min gade og så min nabos kat, Mr. Whiskers, sidde på min veranda. Jeg sagde hej til ham, og han miavede tilbage. Jeg **låste** min dør **op** og gik ind. Jeg var så glad for at være hjemme. Jeg tog mine sko af og gjorde mig klar til at gå i seng. Jeg gik i seng den aften og følte mig glad og taknemmelig, mit hjerte var fuldt af kærlighed. Jeg sov trygt hele natten og bekymrede mig ikke om noget. Jeg vågnede fra en udhvilet søvn og blev **mødt af** solen, der skinnede ind gennem mit vindue. Jeg stod ud af sengen og strakte mig, tog en dyb indånding og følte den kølige luft fylde mine lunger. Jeg gik hen til mit vindue og kiggede ud og hørte fuglene kvidre og **egern** lege. Jeg smilede og gik hen for at tage tøj på, jeg følte mig glad og tilfreds.

qualche uccello che cinguetta tra gli alberi. Faccio un **respiro** profondo e sorrido. Mentre cammino nel parco, vedo una stella cadente che attraversa il cielo. Esprimo un desiderio su quella stella e continuo a camminare. Penso alla mia giornata di lavoro e a quanto sia stata **tranquilla**. Sorrido tra me e me, pensando a quanto sono fortunata ad avere un lavoro così bello. Cammino verso casa, **sentendo** l'aria fresca della notte sulla mia pelle. Mi sento così viva e felice, godendomi il semplice atto di tornare a casa in una notte tranquilla.
Mi sentivo così bene che iniziai a **fischiettare**. Passai accanto ad alcune persone per strada, ma tutte si facevano gli affari loro.

Svoltato l'angolo della mia strada, vidi il gatto del mio vicino, Mr. Whiskers, seduto sul mio portico. Lo salutai e lui ricambiò il miagolio. **Aprii la** porta ed entrai.
Ero così felice di essere a casa. Mi tolsi le scarpe e mi preparai per andare a letto. Quella sera andai a letto felice e grata, con il cuore pieno d'amore. Dormii profondamente per tutta la notte, senza preoccuparmi di nulla. Mi svegliai da un sonno ristoratore e fui **accolta** dal sole che entrava dalla finestra. Mi alzai dal letto e mi stiracchiai, facendo un respiro profondo e sentendo l'aria fresca riempirmi i polmoni. Mi avvicinai alla finestra e guardai fuori, sentendo gli uccelli cinguettare e gli **scoiattoli** giocare. Sorrisi e andai a vestirmi, sentendomi felice e soddisfatta.

Forståelse spørgsmål

1. Hvad lavede hovedpersonen, da historien begyndte?

2. Hvad tænkte hovedpersonen på, da han gik hjem?

3. Hvad plejede hovedpersonen at lave med sine venner efter skoletid?

4. Hvad savner hovedpersonen fra den tid?

5. Hvad tænker hovedpersonen om sit nuværende liv?

6. Hvad gør hovedpersonen, når han ser et stjerneskud?

7. Hvordan har hovedpersonen det, når de går hjem?

8. Hvad gør hovedpersonen, når de kommer hjem?

9. Hvordan har hovedpersonen det, når han vågner op næste morgen?

10. Hvad gør hovedpersonen den næste dag?

Domande di comprensione

1. Cosa stava facendo il protagonista quando è iniziata la storia?

2. A cosa pensava il protagonista mentre tornava a casa?

3. Cosa faceva il protagonista con gli amici dopo la scuola?

4. Cosa manca al protagonista di quei tempi?

5. Cosa pensa il protagonista della sua vita attuale?

6. Cosa fa il protagonista quando vede una stella cadente?

7. Come si sente il protagonista quando torna a casa?

8. Cosa fa il protagonista quando torna a casa?

9. Come si sente il protagonista quando si sveglia la mattina dopo?

10. Cosa fa il protagonista il giorno dopo?

Slottet

Familien havde altid ønsket at besøge et gammelt slot i **Tyskland, og** endelig tog de af sted. De blev ikke **skuffede**. Slottet var smukt, og de nød at udforske de mange rum og gange. Det første, der slog dem, var lugten. De fandt **skimmelsvamp**, fugt og noget andet, som de ikke helt kunne sætte en finger på. Den anden ting var lyden. Stenvægge er tykke, men de dæmper ikke lyden helt. De hørte hvert eneste skridt, hvert eneste ord, der blev sagt med en normal stemme, og lejlighedsvis dryppede der vand **et sted i det** fjerne. Da deres øjne vænnede sig til det svage lys, så de massive stenvægge, der tårnede sig op omkring dem, og fra dem hang gobelinerne i **flossede** stykker. De stod i en enorm hal med et højt loft, der blev støttet af udskårne søjler. De var også vilde med udsigten fra tårnene, og børnene havde det sjovt at løbe rundt på området. **Solen** var begyndt at gå ned, da de var færdige med at udforske slottet, og de beklagede, at de ikke havde taget en **lommelygte** med. De besluttede sig for at gå tilbage til indgangen, men fandt hurtigt ud af, at de var faret vild. De vandrede rundt i det, der føltes som timer, indtil de endelig stødte på en dør, der førte ud. De fortsatte, indtil de **nåede** enden af gangen og kom til et imponerende sæt dobbeltdøre. De prøvede så meget de kunne, men dørene ville ikke røre sig. De rasler **ildevarslende,** men bevæger sig ikke en tomme. Det

Il castello

La famiglia aveva sempre desiderato visitare un antico castello in **Germania** e finalmente ha intrapreso il viaggio. Non sono rimasti **delusi**. Il castello era bellissimo e si sono divertiti a esplorare le sue stanze e i suoi corridoi. La prima cosa che li colpì fu l'odore. Trovarono **muffa**, umidità e qualcos'altro che non riuscirono a definire con precisione. La seconda cosa è stata il suono. I muri di pietra sono spessi, ma non attutiscono completamente il suono. Sentirono ogni passo, ogni parola pronunciata con voce normale e l'occasionale gocciolio dell'acqua **da qualche parte** in lontananza. Quando i loro occhi si adattarono alla luce fioca, videro le massicce mura di pietra che incombevano intorno a loro, con gli arazzi appesi a **brandelli**. Si trovavano in un'enorme sala con un alto soffitto sostenuto da pilastri scolpiti. Anche a loro piaceva molto la vista che si godeva dalle torrette e i bambini si divertivano un mondo a correre per il parco. Quando finirono di esplorare il castello, il **sole** era già tramontato e si pentirono di non aver portato una **torcia**. Decisero di tornare all'ingresso, ma si persero subito. Vagarono per ore e ore, finché alla fine trovarono una porta che conduceva all'esterno. Proseguirono fino **alla** fine del corridoio e si trovarono davanti a un'imponente serie di doppie porte. Per quanto potessero, le porte non si muovevano.

så ud som om den, der har været her før, må være gået igennem her og have låst dem indefra. Til sidst finder de en vej ud. Lettelse skyllede over dem, da de trådte ud i den kølige natteluft.

Solen var begyndt at gå ned, og de **beklagede,** at de ikke havde taget en lommelygte med. De besluttede sig for at gå tilbage til indgangen, men fandt hurtigt ud af, at de var faret vild. De vandrede rundt i det, der føltes som timer, indtil de til sidst stødte på en dør, der førte **udenfor**. Lettethed skyllede over dem, da de trådte ud i den kølige natteluft. Næste aften sørgede de for at tage en lommelygte med sig, da de udforskede resten af slottet. De gik gennem **gården** og ned til floden, der løb bag **slottets** mure. Mens de gik rundt, begyndte de at høre mærkelige lyde. Det lød som om, at nogen fulgte efter dem. De satte farten op, men lydene blev højere og tættere. Familien løb tilbage til slottet så hurtigt de kunne, og de var lettede over at se, at skikkelsen i den **mørke** kappe ikke havde fulgt efter dem.

Scricchiolano **minacciosamente**, ma non si muovono di un millimetro. Sembrava che chiunque fosse stato qui prima dovesse essere passato di qui e averle chiuse dall'interno. Alla fine trovano una via d'uscita. Il sollievo li invade mentre escono nell'aria fresca della notte.

Il sole aveva iniziato a tramontare e si **pentirono di non aver** portato una torcia elettrica. Decisero di tornare all'ingresso, ma presto si persero. Vagarono per ore e ore, finché alla fine trovarono una porta che conduceva all'**esterno**. Il sollievo li colse quando uscirono nell'aria fresca della notte. La sera successiva si assicurarono di portare con sé una torcia per esplorare il resto del castello. Attraversarono il **cortile** e scesero fino al fiume che scorreva dietro le mura del **castello**. Mentre camminavano, cominciarono a sentire strani rumori. Sembrava che qualcuno li stesse seguendo. Accelerarono il passo, ma i rumori diventavano sempre più forti e vicini. La famiglia tornò al castello il più velocemente possibile e si accorse con sollievo che la figura con il mantello **scuro** non li aveva seguiti.

Forståelse spørgsmål

1. Hvad gjorde familien, da de farede vild på slottet?

2. Hvordan havde familien det, da de fandt ud af, at det bare var en lokal mand?

3. Hvad gjorde manden, som fik ham arresteret?

4. Hvad var straffen for manden?

5. Hvilken støj hørte familien, mens de gik?

6. Hvor var skikkelsen i den mørke kappe, da familien så ham?

7. Hvad gjorde familien, da de kom tilbage til deres værelse?

8. Hvornår gik familien på opdagelse på slottet igen?

9. Hvad var det, som familien ikke kunne sætte fingeren på?

10. Hvad lavede familien, før de gik på opdagelse på slottet igen?

Domande di comprensione

1. Cosa fece la famiglia quando si perse nel castello?

2. Come si è sentita la famiglia quando ha scoperto che si trattava solo di un uomo del posto?

3. Che cosa ha fatto l'uomo che lo ha fatto arrestare?

4. Qual è stata la sentenza per l'uomo?

5. Quale rumore ha sentito la famiglia mentre camminava?

6. Dov'era la figura con il mantello scuro quando la famiglia lo vide?

7. Che cosa ha fatto la famiglia quando è tornata nella sua stanza?

8. Quando la famiglia è tornata a esplorare il castello?

9. Qual era la cosa che la famiglia non riusciva a capire?

10. Cosa fece la famiglia prima di tornare a esplorare il castello?

Min have

Min have er mit lykkelige sted. Jeg går derud hver dag, uanset om det er regn eller solskin, og bruger tid på at passe mine planter. Jeg har lidt af **hvert - grøntsager**, frugt, blomster, urter. Jeg har endda et par høns, som hjælper med at holde skadedyrene på afstand. Jeg starter mine dage i haven med at samle æg fra hønsene. Derefter tjekker jeg mine grøntsager og sørger for, at de får nok vand og sol. Jeg luger bedene og fjerner alle insekter, der **angriber** planterne. Når **alt er ordnet,** læner jeg mig tilbage og nyder freden og stilheden i naturen.

Jeg har altid elsket at tilbringe tid i min have. Der er noget ved at være omgivet af naturen og al den **skønhed, som** den har at byde på. Jeg synes, at det er et meget fredeligt og beroligende sted. Jeg bruger ofte tid i min have på at slappe af og nyde landskabet. Jeg nyder også at arbejde i min have og dyrke ting. Jeg har en ret stor have, og jeg kan lide at dyrke mange **forskellige** ting i den. Jeg dyrker blomster, **grøntsager** og krydderurter. Jeg har også et par frugttræer, som producerer nogle lækre æbler, pærer og blommer. Ud over at dyrke ting nyder jeg også at bruge tid på bare at gå rundt i min have og **beundre** alle de forskellige planter og dyr, der bor her. Jeg har brugt mange timer

Il mio giardino

Il mio giardino è il mio luogo felice. Esco ogni giorno, con la pioggia o con il sole, e passo il tempo a curare le mie piante. Ho un po' di **tutto: verdure**, frutta, fiori, erbe aromatiche. Ho anche alcune galline che mi aiutano a tenere lontani i parassiti. Inizio le mie giornate in giardino raccogliendo le uova dalle galline. Poi controllo le verdure, assicurandomi che ricevano acqua e sole a sufficienza. Diserbo le aiuole e rimuovo gli insetti che potrebbero **attaccare** le piante. Una volta sistemato **tutto**, mi siedo e mi godo la pace e la tranquillità della natura.

Ho sempre amato trascorrere del tempo nel mio giardino. C'è qualcosa nell'essere circondati dalla natura e da tutta la **bellezza che** ha da offrire. Trovo che sia un luogo molto tranquillo e rilassante. Spesso trascorro il tempo nel mio giardino rilassandomi e godendomi il paesaggio. Mi piace anche lavorare nel mio giardino e coltivare. Ho un giardino di buone dimensioni e mi piace coltivare **diverse** cose. Coltivo fiori, **verdure** ed erbe aromatiche. Ho anche alcuni alberi da frutto che producono mele, pere e prugne deliziose. Oltre a coltivare, mi piace anche passare il tempo passeggiando nel mio giardino, **ammirando** tutte le piante e gli animali che lo abitano. Negli anni

i årenes løb på at gøre min **have til** et sted, der ikke kun er smukt, men også funktionelt. Jeg elsker at se fuglene flyve rundt og lytte til deres sang. Nogle gange tager jeg endda en bog frem og læser i haven, mens jeg er omgivet af al den skønhed, som jeg har skabt. **Havearbejde** er min passion, og det giver mig så meget glæde. Hver dag i min have er en god dag.

En af de ting, jeg elsker at lave mad, er at lave mad, så det er meget **vigtigt** for mig at have en velassorteret urtehave. Timian, basilikum, oregano, rosmarin, salvie og lavendel er blot nogle af de krydderurter, som jeg gerne dyrker i min have, så jeg kan bruge dem, når jeg laver mad til mig selv eller til **gæster**. En anden ting, der er vigtig for mig, når det gælder min have, er at sørge for, at der er masser af farver i hele haven. For at nå dette mål dyrker jeg en lang række forskellige blomster, herunder **roser**, liljer, tusindfryd, tulipaner, impatiens, morgenfruer osv. Ud over at tilføje farve med blomster kan jeg også godt lide at skabe interesse ved at bruge forskellige **teksturer i** haven. Jeg kan f.eks. plante bregner under tårnhøje solsikker eller hostaer **ved siden af** spidse prydgræsser. Uanset hvad der ellers sker i livet, **får** arbejdet i min have mig altid til at føle mig mere forbundet med naturen og i fred med mig selv.

ho trascorso molte ore a lavorare per rendere il mio **giardino** un luogo non solo bello ma anche funzionale. Mi piace osservare gli uccelli che svolazzano in giro e ascoltarli cantare. A volte tiro fuori un libro e leggo in giardino, circondata da tutta la bellezza che ho creato. Il **giardinaggio** è la mia passione e mi porta tanta gioia. Ogni giorno nel mio giardino è un buon giorno.

Una delle cose che amo fare è cucinare, quindi avere un giardino di erbe aromatiche ben fornito è molto **importante** per me. Timo, basilico, origano, rosmarino, salvia e lavanda sono solo alcune delle erbe che mi piace coltivare nel mio giardino per poterle usare quando cucino per me o per gli **ospiti**. Un'altra cosa importante per me quando si tratta del mio giardino è assicurarmi che ci sia molto colore in tutto il giardino. Per raggiungere questo obiettivo, coltivo una grande varietà di fiori, tra cui **rose**, gigli, margherite, tulipani, impatiens, calendule, ecc. Oltre ad aggiungere colore con i fiori, mi piace anche aggiungere interesse utilizzando diverse **texture** in tutto il giardino. Per esempio, potrei piantare felci sotto imponenti girasoli o hosta **accanto a** spigolose erbe ornamentali. Indipendentemente da ciò che accade nella vita, lavorare nel mio giardino **riesce** sempre a farmi sentire più connessa con la natura e in pace con me stessa.

Forståelse spørgsmål

1. Hvor ligger forfatterens have?

2. Hvor mange høns har forfatteren?

3. Hvad laver forfatteren i haven hver dag?

4. Hvorfor kan forfatteren lide haven?

5. Hvilke urter planter forfatteren i haven?

6. Hvorfor er det vigtigt for forfatteren, at der er mange farver i hans have?

7. Hvordan skaber forfatteren variation i sin have?

8. Hvordan har forfatteren det, når han arbejder i sin have?

9. Hvad får forfatteren til at føle sig forbundet, når han er i sin have?

10. Hvorfor er hver dag i forfatterens have en god dag?

Domande di comprensione

1. Dove si trova il giardino dell'autore?

2. Quanti polli ha l'autore?

3. Che cosa fa l'autore in giardino ogni giorno?

4. Perché all'autore piace il giardino?

5. Quali sono le erbe che l'autore pianta nel giardino?

6. Perché è importante per l'autore che ci siano molti colori nel suo giardino?

7. Come fa l'autore a dare varietà al suo giardino?

8. Come si sente l'autore quando lavora nel suo giardino?

9. Cosa fa sentire l'autore in sintonia quando è nel suo giardino?

10. Perché ogni giorno nel giardino dell'autore è un buon giorno?

På indkøb

Jeg elsker at **shoppe** i indkøbscentret. Det er altid så sjovt at gå rundt og kigge på alle de forskellige butikker. Der er noget for enhver smag i centeret, og det er altid et godt sted at finde tilbud på tøj, sko og tilbehør. Jeg **plejer at** starte min shoppingtur med at gå gennem **hovedindgangen til** centeret. Derfra går jeg først til mine yndlingsbutikker. Når jeg har kigget i disse butikker, går jeg rundt og ser, om der er udsalg andre steder. Jeg ender som regel med at bruge et par timer i centeret, før jeg endelig køber ind. Jeg kan altid godt lide at tage mig god tid, når jeg shopper, **fordi** jeg vil være sikker på, at jeg får **præcis** det, jeg ønsker. Desuden er det bare sjovere på den måde!

Jeg synes altid, det er så **fascinerende at** kigge på folk, når jeg er i indkøbscenteret. Man kan virkelig fortælle meget om en person ved at se på den måde, de handler på. Nogle mennesker er meget metodiske og tager sig god tid, mens andre bare tager **alt, hvad** de kan, og går til kassen så hurtigt som muligt. Der er også de shoppere, der virker mere interesserede i at tale i mobiltelefon eller skrive sms'er end i at se på varerne! Men uanset hvilken slags shopper du er, synes alle at nyde at shoppe i et vindue - også selv om du ikke køber noget. Der er bare noget ved at se på alle

Fare shopping

Mi piace andare **a fare shopping al** centro commerciale. È sempre molto divertente passeggiare e guardare tutti i diversi negozi. Al centro commerciale ce n'è per tutti i gusti ed è sempre un ottimo posto per trovare offerte su vestiti, scarpe e accessori. **Di solito** inizio il mio shopping attraversando l'**ingresso** principale del centro commerciale. Da lì, mi dirigo prima verso i miei negozi preferiti. Dopo aver dato un'occhiata a quei negozi, vado in giro a vedere se ci sono saldi in corso in altri posti. Di solito trascorro un paio d'ore nel centro commerciale prima di fare i miei acquisti. Mi piace sempre prendermi il tempo necessario per fare shopping**, perché** voglio essere sicura di acquistare **esattamente** ciò che voglio. In più, così è più divertente!

Trovo sempre molto **affascinante** osservare le persone mentre sono al centro commerciale. Si può capire molto di una persona dal modo in cui fa acquisti. Alcune persone sono molto metodiche e si prendono il loro tempo, mentre altre sembrano prendere **tutto quello che** possono e dirigersi alla cassa il più velocemente possibile. Ci sono anche quelli che sembrano più interessati a parlare al cellulare o a mandare messaggi piuttosto che guardare la merce! A prescindere dal tipo

de smukke ting i **butiksvinduerne, som** gør mig glad. Nogle gange fantaserer jeg om, hvordan det ville være, hvis jeg havde råd til **alt det,** jeg ser! Alt i alt er en dag i indkøbscenteret en af mine yndlingsbeskæftigelser. Det er en fantastisk måde at slappe af og slappe af på, samtidig med at man får en lille smule motion (hvis man går nok rundt). Desuden er det **altid** rart at forkæle sig selv med en ny skjorte eller et par nye sko i ny og næ!

Jeg havde haft en **lang** dag på arbejde og havde endelig lidt tid for mig selv, så jeg besluttede mig for at shoppe i centeret. Jeg havde brug for noget nyt tøj til den **kommende** sæson. Så snart jeg gik ind, så jeg alle de lyse lys og skinnende butiksfacader. Jeg gik først hen til min yndlingsbutik og begyndte at kigge i reolerne. Jeg fandt et par søde toppe og prøvede dem på i omklædningsrummet. Mens jeg så mig selv i spejlet, hørte jeg nogen komme ind i omklædningsrummet ved siden af mit. Jeg genkendte deres stemme som en af mine kolleger. Vi hilste på hinanden og begyndte at snakke om arbejdet. Efter et par minutter blev vi begge færdige og gik **hver til sit,** men løb ind i hinanden igen senere. Vi fortsatte med at snakke og indså, at vi havde mere til fælles, end vi troede.

di acquirente, però, sembra che a tutti piaccia guardare le vetrine, anche se non si compra nulla. C'è qualcosa che mi rende felice nel guardare tutte le belle cose nelle **vetrine** dei negozi. A volte fantastico su come sarebbe se potessi permettermi **tutto quello che** vedo! Tutto sommato, trascorrere una giornata di shopping al centro commerciale è uno dei miei passatempi preferiti. È un ottimo modo per rilassarsi e distendersi, facendo anche un po' di esercizio fisico (se si cammina abbastanza). Inoltre, è **sempre** bello concedersi una camicia o un paio di scarpe nuove ogni tanto!

Ho avuto una **lunga** giornata di lavoro e finalmente avevo un po' di tempo per me, così ho deciso di andare a fare shopping al centro commerciale. Mi servivano dei vestiti nuovi per la **prossima** stagione. Appena sono entrata, ho visto tutte le luci e le vetrine scintillanti. Mi sono diretta prima al mio negozio preferito e ho iniziato a sfogliare gli scaffali. Ho trovato alcuni top carini e li ho provati nel camerino. Mentre mi guardavo allo specchio, sentii qualcuno entrare nel **camerino** accanto al mio. Ho riconosciuto la sua voce come quella di una mia collega. Ci siamo salutati e abbiamo iniziato a chiacchierare di lavoro. Dopo qualche minuto, entrambi abbiamo finito e siamo andati per la **nostra** strada, ma ci siamo incontrati di nuovo più tardi. Abbiamo continuato a chiacchierare e ci siamo resi conto di avere in comune più di quanto pensassimo.

Forståelse spørgsmål

1. Hvor kan du bedst lide at opbevare dine varer?

2. Hvad er din yndlingsbutik i indkøbscenteret?

3. Hvor længe bliver du normalt i indkøbscenteret?

4. Hvad synes du om folk, der bruger meget tid i indkøbscenteret? 5. Hvad er din yndlingsaktivitet i indkøbscenteret?

6. Har du nogensinde købt noget i indkøbscentret, som du egentlig ikke havde brug for?

7. Hvordan reagerer du, når du ser noget i indkøbscentret, som du virkelig gerne vil have, men som er for dyrt?

8. Har du nogensinde set noget i indkøbscenteret og tænkt på, hvem der ville købe det?

9. Hvad mener du om folk, der har travlt med deres mobiltelefoner i indkøbscentret i stedet for at kigge i butikkerne?

Domande di comprensione

1. Dove vi piace di più conservare?

2. Qual è il vostro negozio preferito nel centro commerciale?

3. Quanto tempo si ferma di solito al centro commerciale?

4. Cosa pensa delle persone che trascorrono molto tempo al centro commerciale?

5. Qual è la cosa che preferite fare al centro commerciale?

6. Avete mai comprato qualcosa al centro commerciale quando non ne avevate davvero bisogno?

7. Come reagite quando al centro commerciale vedete qualcosa che vi piacerebbe molto, ma che costa troppo?

8. Avete mai visto qualcosa al centro commerciale e vi siete chiesti chi lo avrebbe comprato?

9. Qual è la sua opinione sulle persone che al centro commerciale sono impegnate con il cellulare invece di guardare i negozi?

På markedet

Jeg vågner tidligt lørdag morgen og er ivrig efter at komme til **markedet,** før det bliver for overfyldt. Jeg smider noget tøj på og går ud af døren og tager mine genbrugsposer med på vejen. Mens jeg går, begynder jeg at planlægge, hvad jeg vil lave til den kommende uge. Jeg ved, at jeg vil **stege** grøntsager mindst én gang, så jeg bliver nødt til at købe grøntsager af god kvalitet. Jeg vil også lave en suppe eller gryderet, så jeg skal også købe noget kød. Jeg må se, hvad der ser godt ud, når jeg kommer derhen. Markedet ligger kun et par gader væk, og jeg kan allerede se de opstillede boder og de mange **mennesker, der er på vej** rundt.

Jeg ankommer til markedet og går direkte til grøntsagsstanden. Udvalget er smukt, og jeg fylder mine poser med en række **friske** produkter. Jeg snakker lidt med landmanden, og han anbefaler mig nogle opskrifter. Jeg glæder mig til at afprøve dem. Jeg snakker med **landmændende,** mens jeg handler, og lærer dem og deres produkter at kende. Når jeg har fået alle de grøntsager, jeg har brug for, går jeg videre til kødafdelingen. Jeg er lidt mere tøvende her, da jeg ikke er sikker på, hvad jeg vil have. Jeg beslutter mig til sidst for kylling, fordi det er alsidigt og kan bruges i en række forskellige retter. Jeg køber også et par

Al mercato

Mi sveglio presto il sabato mattina, desiderosa di andare al **mercato** prima che sia troppo affollato. Mi infilo i vestiti e mi avvio verso la porta, prendendo le mie borse riutilizzabili. Mentre cammino, inizio a pianificare quello che voglio fare per la settimana a venire. So che voglio **arrostire le** verdure almeno una volta, quindi dovrò comprare delle verdure di buona qualità. Voglio anche fare una zuppa o uno stufato, quindi dovrò comprare anche della carne. Dovrò vedere cosa c'è di buono quando arriverò lì. Il mercato è a pochi isolati di distanza e vedo già le bancarelle allestite e la **gente** che vi si aggira.

Arrivo al mercato e mi dirigo subito verso il banco delle verdure. La scelta è bellissima e riempio le mie borse con una grande varietà di prodotti **freschi**. Parlo un po' con il contadino e mi consiglia alcune ricette. Non vedo l'ora di provarle. Mentre faccio la spesa, chiacchiero con i **contadini** per conoscere meglio loro e i loro prodotti. Dopo aver preso tutte le verdure che mi servono, passo al reparto carne. Qui sono un po' più titubante, perché non sono sicuro di quello che voglio prendere. Alla fine scelgo il pollo, perché è versatile e può essere utilizzato in diversi piatti. Compro anche alcuni tagli di carne diversi, assicurandomi di prendere

forskellige udskæringer af kød og sørger for at få græsfodret oksekød og fritgående **kylling**. Slagteren var en venlig mand, der altid var glad på trods af de lange arbejdstider. Han pakkede mine kyllingebryster og bøffer ind, inden han snakkede med mig om sine planer for weekenden. Jeg sagde farvel til ham og fortsatte min vej. Jeg købte også nogle æg og ost i mejeriafdelingen.

Markedet var fyldt med mennesker, som alle var ivrige efter at få **fingrene i** de friske råvarer og det kød, der blev tilbudt. Luften var tyk af duft af hvidløg og løg, og lyden af latter og samtaler fyldte luften. Jeg banede mig vej gennem mængden og valgte de andre varer, jeg skulle bruge til min ugentlige indkøb. Jeg fyldte min **kurv** med frugt og grøntsager, pasta og brød, inden jeg gik til kassen. Køen var lang, men den gik hurtigt. Endelig var de sidste **varer** købt ind, og det var tid til at tage hjem. Bilen blev læsset, og køreturen hjem var lang og kedelig. Trafikken var tæt, og varmen var trykkende. Endelig kørte bilen ind i indkørslen, og lettelsen var mærkbar. Huset var køligt og roligt, og det var et fristed efter markedets trav**lhed** og travlhed. Alt blev pakket væk, og huset var snart tilbage til den sædvanlige ro og fred. Jeg havde alt, hvad jeg havde brug for til at lave nogle **lækre** måltider til mig selv og min familie. Det var godt at være hjemme.

carne di manzo nutrita con erba e **pollo** allevato all'aperto. Il macellaio era un uomo cordiale, sempre allegro nonostante le lunghe ore di lavoro. Mi ha incartato i petti di pollo e la bistecca prima di parlarmi dei suoi programmi per il fine settimana. Lo salutai e proseguii per la mia strada. Ho preso anche delle uova e del formaggio dal reparto latticini.

Il mercato era pieno di gente, tutti desiderosi di mettere le **mani sui** prodotti freschi e sulla carne che venivano offerti. Nell'aria si sentiva l'odore dell'aglio e delle cipolle, e il suono delle risate e delle conversazioni riempiva l'aria. Mi feci strada tra la folla, scegliendo gli altri articoli necessari per la mia spesa settimanale. Riempii il mio **cestino** di frutta e verdura, pasta e pane, prima di dirigermi alla cassa. La fila era lunga, ma si snodava rapidamente. Finalmente gli ultimi acquisti furono fatti ed era ora di tornare a casa. L'auto fu caricata e il viaggio verso casa fu lungo e noioso. Il traffico era intenso e il caldo opprimente. Alla fine l'auto entrò nel vialetto e il sollievo fu palpabile. La casa era fresca e silenziosa ed era un rifugio dopo il **trambusto** del mercato. Tutto fu messo a posto e la casa tornò presto alla sua solita pace e tranquillità. Avevo tutto il necessario per preparare dei piatti **deliziosi** per me e per la mia famiglia. Era bello essere a casa.

Forståelse spørgsmål

1. Hvor skal personen hen?

2. Hvad ønsker personen at købe?

3. Hvor mange tasker har personen?

4. Hvor langt væk er markedet?

5. Hvad laver personen lige nu?

6. Hvad er alt på markedet?

7. Hvor mange mennesker er der på markedet?

8. Hvor lang tid tog det personen at købe det hele?

9. Hvordan tog personen hjem?

10. Hvad gjorde personen, da han eller hun kom hjem?

Domande di comprensione

1. Dove sta andando la persona?

2. Cosa vuole comprare la persona?

3. Quante borse ha la persona?

4. Quanto è lontano il mercato?

5. Cosa sta facendo la persona in questo momento?

6. Che cos'è il mercato?

7. Quante persone ci sono nel mercato?

8. Quanto tempo ha impiegato la persona a comprare tutto?

9. Come è tornata a casa la persona?

10. Cosa ha fatto la persona quando è tornata a casa?

På en café

Det var en kølig efterårsmorgen, og jeg havde aftalt at mødes med min veninde Lily på vores yndlingscafé for at drikke en kop kaffe. Jeg pakkede mig varmt ind i min frakke og mit tørklæde og tog af sted. Bladene var ved at falde af træerne, og luften havde et lille nip i sig, men solen skinnede, og det lovede at blive en smuk dag. Mens jeg gik, **tænkte** jeg på, hvor godt det var at have en veninde som Lily. Vi havde været venner i årevis, lige siden vi mødtes på **universitetet**. Vi var blevet knyttet sammen over vores kærlighed til kaffe og til at snakke på caféer. Selv om vi nu boede i forskellige dele af byen, lykkedes det os stadig at mødes til kaffe en gang om ugen. Jeg ankom til caféen, og Lily var der allerede og ventede på mig. Vi hilste på hinanden og bestilte derefter vores kaffe. Vi fandt et bord ved vinduet og satte os ned for at snakke. **Kaffen** var som altid lækker, og det var så dejligt at snakke med Lily. Vi talte om vores uge, vores job og vores planer for fremtiden. Det var altid så let at tale med Lily, og jeg følte, at jeg kunne fortælle hende alt. Efter et stykke tid begyndte vi at blive sultne og **besluttede os for** at bestille noget mad.

Vi **bestilte** vores mad og fandt en plads ved vinduet. Solen skinnede ind gennem vinduet og fik alt til at føles

In un caffè

Era una fredda mattina **d'autunno** e avevo fissato un appuntamento con la mia amica Lily al nostro bar preferito per un caffè. Mi avvolsi al caldo nel cappotto e nella sciarpa e mi avviai. Le foglie cadevano dagli alberi e l'aria era pungente, ma il sole splendeva e prometteva di essere una bella giornata. Mentre camminavo, **pensavo** a quanto fosse bello avere un'amica come Lily. Eravamo amiche da anni, da quando ci eravamo conosciute all'**università**. Avevamo legato per il nostro amore per il caffè e per il tempo trascorso a chiacchierare nei bar. Anche se ora vivevamo in zone diverse della città, riuscivamo comunque a vederci per un caffè una volta alla settimana. Arrivai al caffè e Lily era già lì ad aspettarmi. Ci salutammo con un abbraccio e poi ordinammo i nostri caffè. Trovammo un tavolo vicino alla finestra e ci sedemmo a chiacchierare. Il **caffè** era delizioso, come sempre, ed è stato così bello recuperare il tempo perduto con Lily. Parlammo della nostra settimana, dei nostri lavori e dei nostri progetti per il futuro. Era sempre così facile parlare con Lily e mi sembrava di poterle dire tutto. Dopo un po' cominciammo ad avere fame e **decidemmo** di ordinare qualcosa da mangiare.

Ordinammo il cibo e trovammo posto vicino alla

varmt og lykkeligt. Vi sludrede, mens vi spiste vores mad og nød den simple glæde ved at være i hinandens **selskab**. Der var travlt på caféen, men det føltes ikke overfyldt. Der var en følelse af fred og tilfredshed i luften. Da vi var færdige med vores mad, sad vi et stykke tid endnu og nød den fredelige **atmosfære**. Vi talte i et stykke tid om forskellige ting, der var sket i vores liv. Det var så dejligt at snakke med min veninde og bare **slappe af**. Solen skinnede gennem vinduet, og det føltes som om **intet** kunne ødelægge vores perfekte dag.

Pludselig hørte jeg et højt brag. Jeg vendte mig om og så, at en mand var faldet gennem loftet og lå på gulvet foran os. Han var **dækket af** støv og vragrester og så ud til at være bevidstløs. Min ven og jeg var begge i chok, mens vi stirrede på manden, der lå på gulvet. Vi vidste ikke, hvad vi skulle gøre, eller hvem vi skulle ringe efter hjælp. Vi sad bare der og stirrede på ham, uden at vide, hvad vi skulle gøre. Efter et par minutter kom jeg ud af mig selv og ringede 112. Operatøren fortalte mig, at der snart ville være nogen på stedet. Jeg lagde røret på og fortalte min veninde, hvad **telefonisten** havde sagt. Vi sad begge bare der og ventede på, at hjælpen skulle komme. Det føltes som en evighed, men til sidst **dukkede** en ambulance op. Ambulancefolkene skyndte sig ind og begyndte at arbejde på manden. De konstaterede hurtigt, at han var kommet til skade og skulle bringes på **hospitalet**.

finestra. Il sole entrava dalla finestra, rendendo tutto più caldo e felice. Chiacchierammo mentre mangiavamo, godendoci il semplice piacere di stare in **compagnia**. Il caffè era affollato, ma non sembrava affollato. C'era una sensazione di pace e soddisfazione nell'aria. Finito il cibo, ci sedemmo ancora per un po', godendoci l'**atmosfera** tranquilla. Abbiamo parlato per un po' di cose diverse che stavano accadendo nelle nostre vite. È stato così bello recuperare il tempo perduto con la mia amica e **rilassarsi**. Il sole splendeva attraverso la finestra e sembrava che **nulla** potesse rovinare la nostra giornata perfetta.

All'improvviso sentii un forte schianto. Mi girai e vidi che un uomo era caduto dal soffitto e giaceva sul pavimento di fronte a noi. Era **coperto** di polvere e detriti e sembrava privo di sensi. Io e il mio amico eravamo entrambi sotto shock mentre fissavamo l'uomo steso sul pavimento. Non sapevamo cosa fare o chi chiamare aiuto. Rimanemmo lì a fissarlo, senza sapere cosa fare. Dopo qualche minuto mi sono ripreso e ho chiamato il 911. L'operatore mi disse che qualcuno sarebbe arrivato presto. Riattaccai il telefono e raccontai al mio amico quello che mi aveva detto l'**operatore**. Rimanemmo entrambe sedute ad aspettare l'arrivo dei soccorsi. Sembrava un'eternità, ma alla fine **arrivò** un'ambulanza. I paramedici si precipitarono e iniziarono a lavorare sull'uomo. Hanno subito stabilito che era ferito e che doveva essere portato in **ospedale**.

Forståelse spørgsmål

1. Hvor kommer manden, der falder gennem taget, fra?

2. Hvorfor er kvinden sammen med sin veninde på caféen?

3. Hvad er de to venners yndlingscafé?

4. Hvor længe har de to venner kendt hinanden?

5. Hvad er de to venners yndlingsdrink?

6. I hvilken by bor de to venner?

7. Hvor ofte mødes de to venner?

8. Hvad taler de to venner om, da de mødes første gang på deres yndlingscafé?

9. Hvad er de to venners yndlingsmad?

10. Hvorfor er det så nemt at tale med Lily?

Domande di comprensione

1. Da dove viene l'uomo che cade dal tetto?

2. Perché la donna è con la sua amica nel caffè?

3. Qual è il caffè preferito dai due amici?

4. Da quanto tempo i due amici si conoscono?

5. Qual è la bevanda preferita dai due amici?

6. In quale città vivono i due amici?

7. Quanto spesso si incontrano i due amici?

8. Di cosa parlano i due amici quando si incontrano per la prima volta nel loro caffè preferito?

9. Qual è il cibo preferito dai due amici?

10. Perché è così facile parlare con Lily?

Svømning

Poolen var altid et **forfriskende** sted at være, og i dag var det ikke anderledes. Solen skinnede, og vandet så indbydende ud. Jeg tog en dyb indånding og dykkede i vandet og følte vandets kølige favntag. Jeg svømmede omgange i et stykke tid og nød motionen og chancen for at få renset mit hoved. Efter et stykke tid kom jeg ud og tørrede mig, hvorefter jeg satte mig på et håndklæde for at slappe af i solen. Jeg lukkede øjnene og lod **varmen** skyllede ind over mig og mærkede, hvordan mine muskler begyndte at slappe af. Pludselig hørte jeg et plask og åbnede øjnene for at se min lillesøster **padle** rundt i den lave ende. Jeg smilede og betragtede hende et stykke tid, så rejste jeg mig op og gik hen til hende. Vi sludrede lidt og padlede rundt sammen og nød hinandens selskab. Snart sluttede vores forældre sig til os, og vi tilbragte resten af eftermiddagen med at svømme og spille spil sammen. Det var altid så dejligt at tilbringe tid med familien i poolen. Der er **noget** ved at være i vandet, der bare synes at bringe folk sammen. Måske er det fordi vi alle er lige, når vi er i vandet - vi kan ikke skjule vores fejl eller lade som om, vi er noget, vi ikke er. Eller måske er det bare fordi det er sjovt! **Uanset hvad** grunden er, var jeg bare glad for, at vi alle kunne mødes og nyde hinandens selskab på et så specielt sted.

Andare a nuotare

La piscina era sempre un luogo **rinfrescante** e oggi non era diverso. Il sole splendeva e l'acqua sembrava invitante. Feci un respiro profondo e mi tuffai, sentendo il fresco abbraccio dell'acqua. Nuotai per un po', godendomi l'esercizio e la possibilità di schiarirmi le idee. Dopo un po' uscii e mi asciugai, poi mi sedetti su un asciugamano per rilassarmi al sole. Chiusi gli occhi e lasciai che il **calore** mi avvolgesse, sentendo i miei muscoli iniziare a rilassarsi. All'improvviso sentii uno spruzzo e aprii gli occhi per vedere la mia sorellina **che sguazzava** nel basso fondale. Sorrisi e la osservai per un po', poi mi alzai e mi avvicinai a lei. Chiacchierammo per un po' e pagaiarono insieme, godendo della reciproca compagnia. Presto i nostri genitori ci raggiunsero e passammo il resto del pomeriggio nuotando e giocando insieme. Era sempre così bello passare del tempo con la famiglia in piscina. C'è **qualcosa** nello stare in acqua che sembra unire le persone. Forse perché quando siamo in acqua siamo tutti uguali, non possiamo nascondere i nostri difetti o fingere di essere ciò che non siamo. O forse è solo perché è divertente! **Qualunque sia** la ragione, mi ha fatto piacere che ci siamo riuniti tutti insieme e che ci siamo goduti la reciproca compagnia in un luogo così speciale.

Solen stod ned på min hud, og luften lugtede af klorin. Jeg kunne høre lyden af børn, der grinede og plaskede rundt i poolen. Jeg lå på en liggestol ved siden af poolen og nød solen og **nød** dagen. Jeg havde lukket øjnene og var lige ved at falde i søvn, da jeg hørte nogen komme hen til mig. Jeg åbnede mine øjne og så en kvinde stå ved siden af mig. Hun var iført en bikini og havde et håndklæde viklet rundt om livet. Hun havde langt blondt hår og blå øjne. Hun holdt en flaske **solcreme i** hånden. “Har du noget imod, at jeg smører noget solcreme på din ryg?” spurgte hun. “Nej, det er helt fint,” sagde jeg og satte mig op, så hun kunne nå min ryg. Jeg mærkede hendes hænder på min hud, da hun påførte solcremen.

Hendes berøring var blid, og duften af solcreme var beroligende. Jeg lukkede øjnene igen og lod mig selv slappe af. Jeg kunne høre **lyden** af hende bevæge sig rundt, men jeg åbnede ikke øjnene. Jeg var tilfreds med bare at ligge der i solen og lytte til lyden af bølgernes **brusen** mod kysten. Efter et par minutter gik hun væk, og jeg åbnede øjnene. Jeg så på hende, da hun gik tilbage til sin liggestol og tog sin bog op. Hun satte sig i stolen og begyndte at læse. Jeg lukkede øjnene igen og lod mig falde i søvn. Jeg **drømte**, at jeg svømmede i poolen og svømmede en tur frem og tilbage. Vandet var forfriskende og køligt på min hud.

Il sole batteva sulla mia pelle e l'odore di cloro era nell'aria. Sentivo il rumore dei bambini che ridevano e sguazzavano nella piscina. Ero sdraiata su una sedia a **sdraio** accanto alla piscina, a prendere il sole e a **godermi la** giornata. Avevo gli occhi chiusi e stavo per addormentarmi quando sentii qualcuno avvicinarsi a me. Aprii gli occhi e vidi una donna in piedi accanto a me. Indossava un bikini e aveva un asciugamano avvolto intorno alla vita. Aveva lunghi capelli biondi e occhi azzurri. Aveva in mano un flacone di **crema solare**. "Ti dispiace se ti metto un po' di crema solare sulla schiena?", mi chiese. "No, va bene", risposi, sedendomi in modo che potesse raggiungermi la schiena. Sentii le sue mani sulla mia pelle mentre applicava la crema solare.

Il suo tocco era delicato e il profumo della crema solare era rilassante. Chiusi di nuovo gli occhi e mi rilassai. Sentivo il **rumore** dei suoi movimenti, ma non aprii gli occhi. Mi accontentai di stare sdraiato al sole, ascoltando il rumore delle onde **che si infrangevano** sulla riva. Dopo qualche minuto si allontanò e io aprii gli occhi. La guardai mentre tornava alla sua poltrona e prendeva il suo libro. Si sistemò sulla sedia e iniziò a leggere. Chiusi di nuovo gli occhi e mi lasciai andare al sonno. **Sognai** che stavo nuotando in piscina, facendo dei giri avanti e indietro. L'acqua era rinfrescante e fresca sulla mia pelle.

Forståelse spørgsmål

1. Hvor befandt fortælleren sig, da han begyndte historien?

2. Hvad lugter fortælleren, når han åbner øjnene?

3. Hvad hører fortælleren, da han åbner øjnene?

4. Hvis solcreme giver kvinden fortælleren?

5. Hvad drømmer fortælleren om?

6. Hvorfor er det så specielt for fortælleren at svømme i havet?

7.Hvordan føles det vand, som fortælleren svømmer i?

8. Hvad ser fortælleren, da han kommer op af vandet?

9. Hvad gør kvinden, efter at hun har smurt fortælleren med solcreme?

10. Hvad taler fortælleren og kvinden om i slutningen af historien?

Domande di comprensione

1. Dove si trovava il narratore quando ha iniziato la storia?

2. Che odore sente il narratore quando apre gli occhi?

3. Cosa sente il narratore quando apre gli occhi?

4. Di chi è la crema solare che la donna dà al narratore?

5. Che cosa sogna il narratore?

6. Perché il bagno in mare è così speciale per il narratore?

7.Come si sente l'acqua in cui nuota il narratore?

8. Cosa vede il narratore quando esce dall'acqua?

9. Cosa fa la donna dopo aver messo la crema solare al narratore?

10. Di che cosa parlano il narratore e la donna alla fine della storia?

Slåning af græsplænen

Klokken er 10 om morgenen en **lørdag om** sommeren, og solen skinner allerede ubarmhjertigt ned. Du går ud i garagen for at hente plæneklipperen og føler, at du er **dømt** til hårdt arbejde. Du begynder at slå græsplænen og sørger for at køre stille og roligt, så du ikke overser nogen steder. Mens du slår græsplænen, tænker du på, hvor godt det føles at være udenfor i den friske luft. Da du begynder at skubbe plæneklipperen frem og tilbage over plænen, ser du din nabo i **øjenkrogen**. Du vinker og siger hej, og han vinker tilbage.

Efter et par minutter er du færdig, og du går over til din nabo for at drikke en øl med ham i forhaven. Det er en **perfekt** dag - ikke for varmt, og der blæser en let brise. Du sidder i træets skygge og drikker din øl og snakker med din nabo. Det er dage som disse, der får dig til at sætte pris på sommeren. Så **går** man indenfor og får sig en velfortjent øl. Du falder ned i en stol på verandaen og åbner dåsen og udstøder et tilfreds suk. Lyden af plæneklipperen forsvinder i baggrunden, mens du slapper af i skyggen og nyder øjeblikkets **fred.** Øllen smager ekstra godt efter alt det hårde arbejde i varmen. Jeg var ved at gå indenfor, da jeg hørte en lyd ved

Tagliare il prato

Sono le 10 del mattino di un **sabato** estivo e il sole picchia già senza pietà. Si va in garage a prendere il tosaerba, con la sensazione di essere **condannati** ai lavori forzati. Iniziate a tagliare il prato, facendo attenzione ad andare piano per non perdere nessun punto. Mentre si taglia, si pensa a quanto sia bello stare all'aria aperta. Mentre iniziate a spingere il tosaerba avanti e indietro per il prato, con la coda dell'**occhio** vedete il vostro vicino. Lo salutate con la mano e lui ricambia.

Dopo qualche minuto, avete finito e vi recate a casa del vostro vicino per bere una birra con lui nel giardino davanti a casa. È una giornata **perfetta**: non fa troppo caldo e soffia una leggera brezza. Ci si siede all'ombra dell'albero, sorseggiando la birra e chiacchierando con il vicino. Sono giornate come questa che fanno apprezzare l'estate. Poi si **entra** in casa per una meritata birra. Ci si sdraia su una sedia del portico e si apre la lattina, tirando un sospiro soddisfatto. Il rumore del tosaerba passa in secondo piano mentre vi rilassate all'ombra, godendovi la **tranquillità del** momento. La birra ha un sapore ancora più buono dopo tutto quel

siden af.

Det **lød,** som om nogen græd. Jeg stoppede med at slå græs og gik hen til hegnet, der adskilte vores haver. Jeg kiggede over og så min nabo, Mrs. Johnson, grædende på sin gynge på verandaen. Jeg råbte til hende, men hun hørte mig ikke. Jeg klatrede over hegnet og gik hen til hende. "Mrs. Johnson, er du okay?" spurgte jeg. Hun kiggede op på mig med tårer i øjnene og rystede på hovedet. "Nej, jeg er ikke okay," sagde hun. "Min kat døde i går." Jeg var chokeret. Jeg vidste ikke, hvad jeg skulle sige. Jeg stod bare akavet der og vidste ikke, hvad jeg skulle gøre. Til sidst lagde jeg min hånd på hendes **skulder** og sagde: "Det er jeg ked af, fru Johnson. Hvis der er noget, jeg kan gøre for at hjælpe, så sig til. " Hun rystede på hovedet og sagde: "Nej, der er **ikke noget,** nogen kan gøre." Så rejste hun sig op og gik ind i sit hus. Jeg stod der et øjeblik og vidste ikke, hvad jeg skulle gøre. Så gik jeg tilbage til at slå min græsplæne. Da jeg blev færdig, kunne jeg ikke lade være med at tænke på fru Johnson og hendes kat.

duro lavoro al caldo. Stavo per rientrare in casa quando ho sentito un rumore nella stanza accanto.

Sembrava che qualcuno stesse piangendo. Smisi di falciare e mi avvicinai alla recinzione che separava i nostri cortili. Mi affacciai e vidi la mia vicina, la signora Johnson, che piangeva sul dondolo del suo portico. La chiamai, ma non mi sentì. Scavalcai la recinzione e mi avvicinai a lei. “Signora Johnson, sta bene?”. Le chiesi. Lei mi guardò con le lacrime agli occhi e scosse la testa. “No, non sto bene”, disse. “Ieri è morto il mio gatto”. Ero scioccato. Non sapevo cosa dire. Rimasi lì impacciato, senza sapere cosa fare. Alla fine le misi una mano sulla **spalla** e dissi: “Mi dispiace molto, signora Johnson. Se posso fare qualcosa per aiutarla, me lo faccia sapere”. “Lei scosse la testa e disse: “No, nessuno può fare **niente**”. Poi si alzò ed entrò in casa sua. Rimasi lì per un momento, senza sapere cosa fare. Poi tornai a tagliare il prato. Mentre finivo, non potei fare a meno di pensare alla signora Johnson e al suo gatto.

Forståelse spørgsmål

1. Hvad er klokken?

2. Hvor er den person, der slår græs?

3. Hvordan har personen det?

4. Hvorfor skal personen klippe langsomt?

5. Hvilken slags vejr er det?

6. Hvad laver personen efter græsslåningen?

7. Hvad hører personen, før han går hjem?

8. Hvem er sammen med fru Johnson?

9. Hvorfor græder fru Johnson?

10. Hvad siger personen til fru Johnson?

Domande di comprensione

1. Che ora è?

2. Dove si trova la persona che sta falciando?

3. Come si sente la persona?

4. Perché la persona deve falciare lentamente?

5. Che tempo fa?

6. Cosa fa la persona dopo la falciatura?

7. Cosa sente la persona prima di tornare a casa?

8. Chi è con la signora Johnson?

9. Perché la signora Johnson piange?

10. Cosa dice la persona alla signora Johnson?

Få en klipning

Jeg havde i ugevis haft lyst til at blive klippet, men på en eller anden måde havde jeg altid udskudt det. Men da **julen stod for** døren, vidste jeg, at jeg ikke kunne udsætte det længere. Jeg ville ikke møde op til familiens julemiddag og ligne et sjusket rod. Så tidligt julemorgen tog jeg til salonen. Selv om det var tidligt, var salonen allerede optaget af andre mennesker, der **fik** ordnet deres hår i anledning af julen. Jeg satte mig i køen og ventede på min tur. Endelig var det min tur til at sætte mig i stolen. Stylisten, en venlig kvinde ved navn Jill, spurgte mig, hvad jeg ville have. "Bare en trimning, ikke noget drastisk," svarede jeg. Jill gik i gang og klippede mit hår. Mens hun arbejdede, begyndte jeg at slappe af. Det føltes godt at jeg endelig tog mig af mig selv. Jeg havde haft så travlt på det seneste med at løbe rundt og tage mig af alle andre, at jeg havde ladet mine egne behov gå i glemmebogen. Men ikke **længere**. Fra nu af ville jeg tage mig tid til mig selv.

Da Jill var færdig, kiggede jeg mig i spejlet og var tilfreds med det, jeg så. Mit hår så pænt og poleret ud - perfekt til feriesamtaler. Jeg **takkede** Jill og skrev en **mental** note om at komme tilbage oftere. Fra nu af vil jeg først og fremmest tage mig af mig selv. Hun gik i gang med at klippe mit hår. Jeg tænkte på, hvor

Tagliarsi i capelli

Erano settimane che volevo tagliarmi i capelli, ma in qualche modo riuscivo sempre a rimandare. Ma con il **Natale** alle porte, sapevo che non potevo più rimandare. Non volevo presentarmi alla cena di Natale della mia famiglia con un aspetto trasandato. Così, la mattina presto di Natale, mi sono recata al salone. Anche se era presto, il salone era già pieno di persone che **si facevano** fare i capelli per le feste. Presi posto nella fila e aspettai il mio turno. Finalmente arrivò il mio turno sulla poltrona. La parrucchiera, una donna gentile di nome Jill, mi chiese cosa volessi. "Solo una spuntatina, niente di troppo drastico", risposi. Jill si mise al lavoro, tagliando i miei capelli. Mentre lavorava, cominciai a rilassarmi. Mi sentivo bene a prendermi finalmente cura di me stessa. Ultimamente ero stata così occupata a correre in giro per prendermi cura di tutti gli altri, che avevo lasciato cadere in secondo piano i miei bisogni. Ma **ora** non **più**. D'ora in poi avrei trovato il tempo per me stessa.

Quando Jill ha finito, mi sono guardata allo specchio e sono rimasta soddisfatta di ciò che ho visto. I miei capelli avevano un aspetto ordinato e curato, perfetto per le feste. **Ringraziai** Jill e presi **nota** di tornare più spesso. D'ora in poi mi prenderò cura di me

taknemmelig jeg var for, at jeg endelig havde fået tid til at blive klippet. Det føltes godt at vide, at jeg ville se præsentabel ud til **julemiddagen**. Jeg ville ikke længere skulle bekymre mig om, at min familie ville drille mig med mit "sjuskede" udseende. Efter et par minutter var stylisten færdig med at klippe mit hår og gav mig en hurtig føntørring. Jeg kiggede mig i spejlet og var tilfreds med det, jeg så - et rent og pænt look, som ville være perfekt til julemiddagen. Nu hvor min klipning var overstået, kunne jeg koncentrere mig om at nyde ferien med min familie. Og det var jeg endnu mere taknemmelig for.

Det føltes så **befriende,** og jeg elskede den måde, min nye frisure så ud på. Da jeg havde betalt for min klipning, tog jeg hjem og begyndte at pakke til min rejse. Jeg **kunne ikke** vente med at vise mit nye look frem til min familie og venner. Jeg vidste, at de ville blive overraskede, når de så mig. På dagen for min flyrejse ankom jeg til lufthavnen med god tid til overs. Jeg gik igennem sikkerhedskontrollen uden problemer, og snart var jeg på vej. Så snart jeg ankom til min destination, kunne jeg mærke spændingen i luften. Julen var helt sikkert i luften! Min familie var der for at hilse på mig i lufthavnen, og de var alle forundrede over min nye frisure. Vi tilbragte de næste par dage med at snakke **sammen** og nyde hinandens **selskab**.

stessa prima di tutto. Si mise al lavoro per tagliare i miei capelli. Pensai a quanto fossi grata di essermi finalmente decisa a tagliarmi i capelli. Era bello sapere che sarei stata presentabile per la **cena** di Natale. Non avrei più dovuto preoccuparmi che la mia famiglia mi prendesse in giro per il mio aspetto "trasandato". Dopo qualche minuto, la parrucchiera finì di tagliarmi i capelli e mi diede una rapida asciugata. Mi guardai allo specchio e fui felice di ciò che vedevo: un look pulito che sarebbe stato perfetto per la cena di Natale. Ora che il taglio di capelli era stato superato, potevo concentrarmi sulle vacanze con la mia famiglia. Ed ero ancora più grata per questo.

Mi sentivo così **libera** e adoravo l'aspetto del mio nuovo taglio di capelli. Dopo aver pagato il taglio, sono tornata a casa e ho iniziato a fare i bagagli per il mio viaggio. **Non** vedevo l'ora di mostrare il mio nuovo look alla mia famiglia e ai miei amici. Sapevo che sarebbero rimasti sorpresi quando mi avrebbero visto. Il giorno del volo sono arrivata all'aeroporto con molto tempo a disposizione. Ho superato i controlli di sicurezza senza problemi e presto sono partita. Non appena arrivai a destinazione, sentii l'eccitazione nell'aria. Il Natale era decisamente nell'aria! La mia famiglia era lì ad accogliermi all'aeroporto ed erano tutti stupiti del mio nuovo taglio di capelli. Abbiamo trascorso i giorni successivi a **chiacchierare** e a goderci la reciproca **compagnia**.

Forståelse spørgsmål

1. Hvad skulle hovedpersonen gøre inden jul?

2. Hvordan havde hovedpersonen det med at tage sig af sig selv?

3. Hvem klippede hovedpersonens hår?

4. Hvorfor ville hovedpersonens familie drille hende?

5. Hvordan følte hovedpersonen sig efter at have fået klippet sit hår?

6. Hvad gjorde hovedpersonen efter at have fået klippet sit hår?

7. Hvad var hovedpersonens families reaktion på hendes klipning?

8. Hvad lavede hovedpersonen juleaften?

9. Hvad gjorde hovedpersonens oplevelse mere speciel?

10. Hvad ville der ske, hvis hovedpersonen ikke blev klippet?

Domande di comprensione

1. Che cosa doveva fare il protagonista prima di Natale?

2. Come si è sentita la protagonista nel prendersi cura di sé?

3. Chi ha tagliato i capelli al protagonista?

4. Perché la famiglia della protagonista la prendeva in giro?

5. Come si è sentita la protagonista dopo essersi tagliata i capelli?

6. Che cosa ha fatto la protagonista dopo essersi tagliata i capelli?

7. Qual è stata la reazione della famiglia della protagonista al suo taglio di capelli?

8. Che cosa ha fatto il protagonista la vigilia di Natale?

9. Cosa ha reso più speciale l'esperienza del protagonista?

10. Cosa succederebbe se il protagonista non si tagliasse i capelli?

Parken

Solen var ved at gå ned, og parken var tom. Jeg sad på bænken og ventede på min **ven**. Vi havde planlagt at mødes her for en time siden, men hun kom altid for sent. Lige da jeg var ved at give op og gå hjem, så jeg hende løbe hen imod mig.
"Jeg er så ked af det," gispede hun, da hun nåede frem til bænken. "Mit tog blev **forsinket**."
"Det er i orden," sagde jeg **tilgivende**. "Jeg er selv lige kommet."
Vi satte os ned og snakkede lidt og fik snakket lidt om hinandens liv, siden vi sidst mødtes. Samtalen flød **let,** og det føltes, som om der slet ikke var gået nogen tid, siden vi sidst så hinanden. Da solen gik ned, tog vi afsked og gik hver til sit. Næste gang vi mødtes, var det i en anden park. Igen var hun sent på den, men det gjorde mig ikke noget. Det var rart at have nogen at tale med, som **forstod** mig. Vi talte om vores drømme og **ambitioner,** om ting, vi ville gøre med vores liv. Hun fortalte mig om sine planer om at rejse rundt i verden, og jeg delte min drøm om at blive forfatter. Da solen gik ned på endnu en dag, sagde vi farvel endnu en gang og lovede at holde kontakten denne gang.

Årene gik, og vores **venskab** var fortsat stærkt, selv om vi nu boede i forskellige dele af landet. Vi

Il parco

Il sole stava tramontando e il parco era vuoto. Mi sedetti sulla panchina ad aspettare la mia **amica**. Avevamo programmato di incontrarci qui un'ora fa, ma lei era sempre in ritardo. Proprio quando stavo per arrendermi e tornare a casa, la vidi correre verso di me.
"Mi dispiace tanto", ansimò quando raggiunse la panchina. "Il mio treno è **in ritardo**".
"Non c'è problema", dissi **con indulgenza**. "Sono appena arrivato anch'io".
Ci siamo seduti e abbiamo chiacchierato per un po', aggiornandoci sulle nostre vite dall'ultima volta che ci siamo visti. La conversazione è fluita **facilmente** e ci è sembrato che non fosse passato affatto del tempo dall'ultima volta che ci siamo visti. Al tramonto ci siamo salutati e abbiamo preso strade diverse. La volta successiva ci incontrammo in un altro parco. Anche in questo caso era in ritardo, ma non mi dispiaceva. Era bello avere qualcuno con cui parlare che mi **capisse**. Parlammo dei nostri sogni e delle nostre **aspirazioni**, delle cose che volevamo fare nella nostra vita. Lei mi parlò dei suoi progetti di viaggiare per il mondo e io le confidai il mio sogno di diventare scrittrice. Al tramonto di un altro giorno, ci siamo salutate ancora una volta, promettendo di tenerci in contatto questa volta.

holdt kontakten gennem breve og lejlighedsvise telefonopkald, hvor vi delte nyheder om vores liv med hinanden. Da hun meddelte, at hun skulle giftes, blev jeg ikke **overrasket** - hun havde altid været den **eventyrlystne** type. Men da hun spurgte mig, om jeg ville være hendes brudepige ved hendes bryllupsceremoni, der fandt sted på den anden side af jorden fra hvor jeg boede... det krævede noget overtalelse! I sidste ende kunne jeg dog ikke lade min bedste veninde blive gift uden mig ved hendes side, så på trods af min frygt (og efter mange bønner fra hende!) **gik** jeg med til at tage med på det, der viste sig at blive et af sit livs **eventyr.**

Bryllupsdagen kom endelig. Jeg var nervøs, men spændt på at være en del af et så vigtigt øjeblik i min venindes liv. Ceremonien var smuk, og hun så glad ud, da hun afgav sine løfter. **Bagefter** fejrede vi det med en stor fest - det virkede som om alle, hun kendte, var kommet for at fejre med hende! Det var en **magisk** dag, som jeg aldrig vil glemme, og vores venskab blev kun stærkere efter dette eventyr. Nu, mange år senere, holder vi stadig kontakten. Vi har begge **ændret os** meget, siden vi mødtes første gang, men vores venskab er lige så stærkt som nogensinde. Hver gang vi mødes - uanset om det er i en park eller på den **anden side af** jorden - føles det, som om der slet ikke er gået nogen tid.

Gli anni sono passati e la nostra **amicizia** è rimasta forte, anche se ora viviamo in zone diverse del Paese. Ci siamo tenute in contatto tramite lettere e telefonate occasionali, condividendo le notizie della nostra vita. Quando annunciò che si sarebbe sposata, non ne fui **sorpreso**: era sempre stata un tipo **avventuroso**. Ma quando mi ha chiesto di farle da damigella d'onore alla cerimonia di matrimonio che si sarebbe svolta a metà strada dal luogo in cui vivevo... c'è voluto un po' per convincerla! Alla fine, però, non potevo permettere che la mia migliore amica si sposasse senza di me al suo fianco, così, nonostante le mie paure (e dopo molte suppliche da parte sua!), ho **accettato** di partecipare a quella che si è rivelata l'**avventura** di una vita.

Finalmente è arrivato il giorno del **matrimonio**. Ero nervosa, ma entusiasta di partecipare a un momento così importante della vita della mia amica. La cerimonia è stata bellissima e lei sembrava felice mentre pronunciava le sue promesse. **Dopo**, abbiamo festeggiato con una grande festa: sembrava che tutti i suoi conoscenti fossero venuti a festeggiare con lei! È stato un giorno **magico** che non dimenticherò mai, e la nostra amicizia si è rafforzata dopo quell'avventura. Ora, a distanza di anni, ci teniamo ancora in contatto. Siamo **cambiate** molto da quando ci siamo conosciute, ma la nostra amicizia è più forte che mai. Ogni volta che ci incontriamo, che sia in un parco o **dall'altra parte del** mondo, sembra che il tempo non sia mai passato.

Forståelse spørgsmål

1. Hvor mødtes forfatteren og hendes veninde første gang?

2. Hvorfor kom forfatterens ven for sent til deres møde?

3. Hvad talte vennerne om, da de mødtes igen flere år senere?

4. Hvordan havde forfatteren det med at deltage i sin venindes bryllupsceremoni?

5. Beskriv rammerne for bryllupsceremonien.

6. Hvordan har venskabet mellem de to kvinder ændret sig med tiden?

7. Hvad er forfatterens drøm?

8. Hvor vil forfatterens ven rejse hen?

9. Hvorfor tøvede forfatteren med at deltage i sin venindes bryllupsceremoni?

Domande di comprensione

1. Dove si sono incontrati per la prima volta l'autrice e la sua amica?

2. Perché l'amico dell'autore è arrivato in ritardo all'incontro?

3. Di che cosa hanno parlato gli amici quando si sono rivisti anni dopo?

4. Come si è sentita l'autrice ad assistere alla cerimonia di matrimonio della sua amica?

5. Descrivete l'ambientazione della cerimonia nuziale.

6. Come è cambiata l'amicizia tra le due donne nel corso del tempo?

7. Qual è il sogno dell'autore?

8. Dove intende viaggiare l'amico dell'autore?

9. Perché l'autrice esitava a partecipare alla cerimonia di matrimonio della sua amica?

www.ingramcontent.com/pod-product-compliance
Lightning Source LLC
LaVergne TN
LVHW012101160826
845678LV00014B/2900

* 9 7 9 8 8 4 6 2 2 2 1 0 6 *